法治副校长丛书

法治教育
案例课堂

贾　宇　主编

青少年

U0781832

人民法院出版社

图书在版编目（CIP）数据

青少年法治教育案例课堂 / 贾宇主编. -- 北京：
人民法院出版社，2025. 8. --（法治副校长丛书）.
ISBN 978-7-5109-4622-6

Ⅰ. D920.5

中国国家版本馆CIP数据核字第20256KG745号

青少年法治教育案例课堂

贾　宇　主编

责任编辑	高绍安	
出版发行	人民法院出版社	
地　址	北京市东城区东交民巷 27 号（100745）	
电　话	（010）67550510（责任编辑）　　67550558（发行部查询）	
	65223677（读者服务部）	
客服 QQ	2092078039	
网　址	http：//www.courtbook.com.cn	
E－mail	courtpress@sohu.com	
印　刷	北京瑞禾彩色印刷有限公司	
经　销	新华书店	
开　本	787 毫米×1092 毫米　1/16	
字　数	161 千字	
印　张	19	
版　次	2025 年 8 月第 1 版　2025 年 10 月第 2 次印刷	
书　号	ISBN 978-7-5109-4622-6	
定　价	59.00 元	

前　言

习近平总书记强调："普法工作要在针对性和实效性上下功夫，特别是要加强青少年法治教育，不断提升全体公民法治意识和法治素养。"① 近年来，根据最高人民法院的部署，在上海市教育委员会等单位的大力支持下，上海法院以法治副校长为抓手，不断提高未成年人法治教育的针对性和实效性。2024 年 9 月，我受聘担任上海师范大学附属中学法治副校长，并开展"大法官进校园"活动，上海三级法院组织了"开学法治第一课"、法治辩论赛、模拟法庭等多种形式的法治教育活动，广受好评。在最高人民法院、教育部共同部署的法治副校长"以案论法"专项活动中，上海法院 393 名法治副校长带着真实的案例，走进校园开展法治宣讲 600 余场，受到了老师和同学们的欢迎。大家都感到，案例是鲜活生动的教材，是最好的法治教科书，不仅能将"纸上的法

① 习近平：《论坚持全面依法治国》，中央文献出版社 2020 年版，第 4 页。

条"变成"活的法律"，还能鲜明地传达法律支持什么、反对什么，更好地理解法治的道德底蕴，增强尊法学法守法用法意识。

2024年12月，按照最高人民法院张军院长的指示要求，在最高人民法院民一庭的指导下，上海市高级人民法院启动了本书的编写工作。从近年来"身边事、民生案"中广泛选取素材，经过逐案筛选、目录编辑、体例设计、集中编写，形成32篇涵盖法治文化、校园安全、家庭权益、文明用网、公共安全、特别保护六个方面的案例，组织了对青少年司法政策理解与把握能力强、有丰富的未成年人案件办理经验的同志参与本书编写。参加本书撰写的作者有：祝丽娟（第一章）、李家兴（第二章）、王梓焱（第三章）、樊卓然（第四章）、王夏迎（第五章）、刘丰瑾（第六章）。为了增强可读性和吸引力，我们精心设计了案例故事、法官说法、法治小黑板、锦囊妙方、法条链接五个版块，并通过小问题引导读者思考。我们还邀请了在校学生为案例绘制插图，希冀以图文并茂的形式激发小读者们的阅读兴趣，以启迪思考的方式引导青少年亲身参与实践，让法治教育"走新"更"走心"。同时，还为家长、学校、平台等社会各方提供了贴心的法治锦囊妙方，用案例"小故事"讲好法治"大道理"，携手共同营造未成年人健康成长的社会环境。在编写过程中，我们广泛听取各方面专家、学者、媒体，特别是小读者们的意见，得到了上海市教育委员会、共青团上海市委员会、上海市青少年服务和权益保护办公室、人民法院出版社、上海教育报刊总社的专业支持。我们期待本书不仅能成为青少年的法治启蒙读本、家庭教育的参考指南，更能成为学校思政教学的创新载体和法治副校长履职的实用参考。

　　法治的种子需要用心浇灌。当青春与法治相遇，便开启了一场塑造人格、守护成长的深刻对话。这本案例读本，正是以法治精神为经纬，用真实案例作载体，为未成年人搭建起连接法律条文与现实生活的认知桥梁。愿这本凝聚汗水与匠心的案例读本，能为青少年的健康成长引领护航，让法治信仰在每个青少年心中生根发芽。

贾　宇

二〇二五年六月

目　录

06 第六章
特别保护与求助通道

第一章

法治文化与权益意识

培养未成年人法治意识、提高未成年人法治素养是推进全民守法、培育社会法治文化的基础。法律离我们的生活并不遥远。本章选取五个发生在日常生活中的真实案例，提示未成年人应当尊法学法守法用法，养成办事依法、遇事找法、解决问题用法、化解矛盾靠法的思维习惯。

1. 闯红灯引发的悲剧

 案例故事

早晨 8 时 30 分，城市正在迎接新的一天。早高峰的马路上人流与车流正有条不紊地交织着，忙碌的身影和闪烁的红绿灯构成了一幅现代都市特有的繁忙景象。

忽然，一声尖锐的"车子轧到人啦！"打破了这份热闹中的平静。

事故现场位于一个繁忙的十字路口。小凌是一名普通的公司职员，由于清晨的一点小意外——起床晚了，他匆匆忙忙地出门赶路。一分钟前，小凌骑着电动自行车来到了这个路口，面前的红灯已经

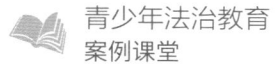
开始倒计时，"3、2、1……"急着赶路的小凌以超过限定标准的速度冲过了停车线。

恰在此时，位于小凌三点钟方向的小周无视面前刚刚变红的信号灯，一路小跑着穿过马路。不巧的是，未观察路况的小周恰好撞上了超速行驶的小凌。小凌赶忙刹车，连人带车摔倒在一辆起步行驶的小型越野车的右前侧车轮前，随即被该车碾轧。

小型越野车的司机刘某发现这一情况后，立即停车查看，并迅速联系了救护车对受伤的小凌进行救助。但令人遗憾的是，因伤及要害部位，小凌尽管得到了及时的医疗救助，最终还是于当日不治身亡。而肇事者之一的小周，在事故发生后却逃离了现场。

法院审理认为，小周没有遵守交通规则，导致发生了一起致命交通事故，并在事后逃离了现场。经交警认定，小周对于事故的发生负主要责任；小凌因超速行驶，负次要责任。根据法律规定，小周的行为构成交通肇事罪。小周在接到警方电话后主动投案，如实交代了自己的主要犯罪事实，并表示愿意认罪和接受处罚。鉴于他的这些表现，法院决定对他从轻处罚。最终，小周因构成交通肇事罪被依法判处二年六个月的有期徒刑。

我们一起来思考

1.小周闯红灯的行为，折射出他对于规则是什么样的心态？

2.如果你遇到了即将变为绿灯的红灯，你会提前出发吗？

3.违反交通规则，会有什么法律后果呢？

 ## 法官说法

绝大部分人或多或少都遇到过着急出门的情况，少数人因为赶路还闯红灯。殊不知每一次交通违法都如同在身边埋下一颗"定时炸弹"，随时可能引发难以挽回的后果。正如上述案例，小周因为着急过马路而闯了红灯，结果发生了可怕的事故，导致小凌失去了生命，小周也因此获罪。事件的发生除了令人惋惜之外，更警醒我们，行人闯红灯不只是不文明，还可能构成犯罪。

那么，违反交通规则可能会有哪些法律后果呢？

刑事责任：行为人违反交通运输管理法规，进而引发重大事故，致人重伤、死亡或者使公私财产遭受重大损失的行为，构成交通肇事罪。在上述案例中，小周因

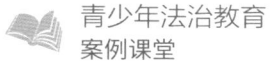
为闯红灯造成重大事故且在事故发生后逃逸，最终被认定为交通肇事罪。尽管小周是行人，但如果违反交通规则并导致严重后果，同样要承担刑事责任。

民事责任：除了刑事责任外，违反交通规则导致他人损害的行为人还需承担相应的民事赔偿责任。这意味着需要支付受害者医疗费、护理费、误工费、交通费、营养费、住院伙食补助费以及精神损害赔偿等；若造成残疾，还要赔偿辅助器具费和残疾赔偿金；若造成死亡，还要赔偿丧葬费和死亡赔偿金。这些费用往往数额巨大，会给个人和家庭带来沉重的经济负担。

行政责任：即使没有造成重大事故，轻微违规行为也会受到行政处罚，包括但不限于罚款、暂扣或吊销驾驶证等。例如行人闯红灯，按照《道路交通安全法》规定，会被处以警告或者5元以上50元以下罚款。

其他后果：例如个人信用受损，目前交通违法记录逐渐与个人信用挂钩。多次严重交通违法，可能会影响个人的信用评级，进而对未来的贷款、信用卡申请、购买保险等产生不利影响，甚至在一些行业领域，交通违法记录也可能成为求职的障碍。

法官提醒：遵守交通法规不仅是对法律的尊重，更是对自己和他人生命安全负责的表现。任何疏忽或冒险行为都可能导致严重的后果。无论行人还是驾驶员，都要重视交通安全，遵守交通规则，这不仅是对自己负责，也是对家人和社会负责。

 ## 法治小黑板

什么是交通肇事罪？

交通肇事罪是指违反交通运输管理法规，因而发生重大交通事故，致人重伤、死亡或者致使公私财产遭受重大损失的行为。

交通肇事罪的构成要件分为以下四点：（1）交通肇事罪的犯罪主体为一般主体，只要是年满十六周岁且具有刑事责任能力的人都能成为交通肇事罪的犯罪主体。（2）行为人主观上是出于过失。如果行为人故意造成交通事故的发生，则应按其他罪名处理。（3）行为人必须实施了违反交通运输法规的行为。（4）行为人的行为必须造成了重大事故，致人重伤、死亡或者使公私财产遭受重大损失。

《刑法》第133条针对交通肇事罪规定了三档刑罚。第一档刑罚：构成交通肇事罪，处三年以下有期徒刑或者拘役。第二档刑罚：交通运输肇事后逃逸或者有其他特别恶劣情节的，处三年以上七年以下有期徒刑。交通运输肇事后逃逸，是指在发生交通事故后，行为人为逃避法律追究而逃跑的行为。本案中，小周在事发后立即离开现场的行为就构成交通运输肇事后逃逸的情形。第三档刑罚：因逃逸致人死亡的，即行为人在交通肇事后为逃避法律追究而逃跑，致使被害人因得不到及时救助而死亡的情形，处七年以上有期徒刑。

行人能否成为交通肇事罪的主体？

有人认为，行人在道路通行环境中处于相对弱势地位，违章行为的破坏力也相对有限，所以行人引发交通事故的，可以减轻或者免除机动车驾驶人的责任，但没有必要追究行人交通肇事罪的刑事责任。但在现实生活中，因行人违反交通运输管理法规而引发交通事故的案件屡有发生，有些行人的严重违章行为同样会造成不特定多数人的伤亡或者财产损失，给他人的生命、健康、公私财产等造成严重危害，有必要进行刑罚惩治。

当然，在追究行人的相关刑事责任时，需要着重判断行为人对交通事故的发生是否存在过失。过失是指行为人因为疏忽大意而没有预见，或者已经预见而轻信能够避免，以致发生严重危害后果的心理状态。

因此，无论是机动车驾驶人，还是行人、乘车人等，如果因为违反交通运输管理法规引发交通事故，都应该按照其违法程度、事故责任大小等因素，承担相应的法律责任。

 **锦囊妙方**

守护交通安全，我们该怎么做？

青少年：遵守交规，远离事故。自觉遵守交通规则，安全文明出行。步行时，请走人行道；无人行道时靠道路右侧行走，确保与车辆保持安全距离。过马路一定要走斑马线，并遵循"红灯停，绿灯行"。绝不闯红灯、不翻越隔离栏，严禁边走路边玩手机或嬉戏打闹。乘坐公共交通工具时，等车辆停稳后再上下车，不要将身体部位伸出窗外或向车外抛物。拒绝乘坐超载、非法营运或存在安全隐患的车辆。未满12周岁不得骑自行车上路，未满16周岁禁止驾驶电动自行车；骑自行车和驾驶电动自行车时，在非机动车道内靠右行驶，无车道时靠道路右侧通行，保持安全速度，双手不离把，不逆行或追逐。

家长：以身作则，安全出行。家长是孩子交通安全的第一责任人，应以身作则，严格遵守交通法规，为孩子树立榜样。日常出行时，应主动向孩子讲解交通规

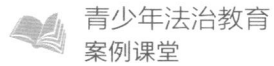
则，帮助孩子养成良好习惯。利用出行机会，结合具体交通场景对孩子进行安全教育。对于步行上学的孩子，要提醒他们过马路时注意观察来往车辆，确保安全后再通过；对于乘坐公共交通的孩子，要教导其文明乘车，有序排队、礼让座位，保管好随身物品；对于骑车上学的孩子，家长必须确保其年龄符合法定要求，并监督其佩戴安全头盔，叮嘱其遵守交通信号指示，做到不逆行、不超速行驶。

学校：加强教育，守护安全。学校应将交通安全教育纳入日常教学，通过班会、讲座等形式，结合真实案例讲解交通法规，帮助学生树立安全意识。要协调交管部门，完善校园周边标识和设施，如减速带、斑马线、警示标志等，保障学生上下学路段的安全。安排工作人员或志愿者在上下学高峰时段维持秩序，引导学生安全通行。定期开展交通安全演练，模拟事故场景，让学生掌握应急避险技能。通过上述举措，持续营造安全有序的校园交通环境，切实预防交通事故发生，守护生命安全。

 法条链接

《中华人民共和国刑法》

　　第一百三十三条　违反交通运输管理法规，因而发生重大事故，致人重伤、死亡或者使公私财产遭受重大损失的，处三年以下有期徒刑或者拘役；交通运输肇事后逃逸或者有其他特别恶劣情节的，处三年以上七年以下有期徒刑；因逃逸致人死亡的，处七年以上有期徒刑。

《中华人民共和国道路交通安全法》

第六十二条 行人通过路口或者横过道路，应当走人行横道或者过街设施；通过有交通信号灯的人行横道，应当按照交通信号灯指示通行；通过没有交通信号灯、人行横道的路口，或者在没有过街设施的路段横过道路，应当在确认安全后通过。

（本案例素材由上海市普陀区人民法院提供）

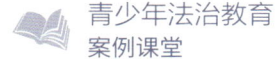
2. 微信群里的"人身攻击"

 案例故事

小戴和小陈是对门邻居，平时低头不见抬头见，但因性格脾气不对付，互相没啥好感，不仅见面不打招呼，在小区业主微信群里也常常言语龃龉。微信群里200多名成员常常"见证"他们之间的"火药味"。

这天，小戴在微信群里又发话了："是谁把自己的袜子放在门口？楼道里的异味令人难以忍受。请注意，楼道是公共区域，不要想放什么就放什么。"此言一出，小陈立马跳了出来："你没事找事啊！我在门口放袜子，关你什么事？这跟袜子放在哪里没关系，跟心理变态有关系！"

小戴还没有回复，小陈就在群里招呼起来："大家瞧，大家看，所有业主都快来欣赏某些人变态的真面目。"见小陈言词激烈，小戴提出，双方应该针对楼道异味的问题讲道理，不要扯开去，更不要人身攻击。

然而，小陈像是被不愉快的往事点燃了怒火，不仅没有丝毫收敛，反而愈演愈烈地开展了一波又一波的"输出"，越说越来劲："打着关心公共区域的幌子挑矛盾，根本不是要解决问题。""就是心理变态，应该去看心理医生！"

见小陈的发言越来越离谱，微信群里的其他业主纷纷出来打圆场，希望小陈冷静冷静，大家将问题友好解决。但小陈仍然没有"收手"的意思，继续辱骂……言语中，许多不堪入目的侮辱性词汇屡屡出现。

小戴原本以为小陈骂累了会消停一些，没想到这次小陈是不依不饶。当天微信群消息声持续到了深夜，之后几天依然是"问候"不断。小戴忍无可忍将小陈告上了法庭。

法院审理认为，民事主体享有名誉权，任何组织和个人不得以侮辱、诽谤等方式侵害他人的名誉权。业主微信群是相对开放的聊天区域，小陈在微信群内发表明显贬损、侮辱性的言论，降低了小戴的社会评价，构成

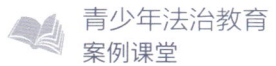
对小戴名誉权的侵害。法院最终判决小陈在业主微信群内发布道歉声明，消除对小戴的不良影响。

我们一起来思考

1. 在微信群骂人、损人，可能会导致什么后果？

2. 如果他人的不文明行为影响到你，你会通过什么方式沟通解决？

3. 如果你指出别人的问题，导致对方向你语言攻击，你会如何应对？

 法官说法

信息化时代，微信等社交软件成为人们日常交流的重要工具，但需谨记网络言行同样受法律规范。根据法律规定，公民享有名誉权，禁止用侮辱、诽谤等方式损害公民的名誉。本案中，小陈在公开场合多次发表贬低、侮辱性的言论，不仅破坏了邻里和睦，还严重损害了小戴的社会评价，已构成侵害名誉权。

如果在网上侮辱、诽谤他人，可能会对受害者造成严重的身心伤害，导致其出现自卑、抑郁、焦虑等心理问题，影响正常学习、生活和社交，严重的甚至会产生轻生念头。同时，对侮辱、诽谤者而言，也会破坏自身的声誉和形象，让周围的人产生负面看法，从而失去他人的信任和友谊，最终陷入孤立无援的境地。

长期、固定的侮辱、诽谤行为，情节严重的，可能造成受害人心理创伤，还可能升级为肢体冲突，演变为故意伤害等刑事犯罪。此外，还应当注意不能以开玩笑为名对他人实施侮辱。开玩笑的内容通常是轻松愉快、无伤大雅的；而侮辱则往往涉及对个人品质、能力、外貌等方面的负面评价，使用粗俗、恶毒的语言进行攻击。

法官提醒：我们在享受网络带来便利的同时，也应当遵守法律法规和社会公德，尊重他人的权利和感受，注意自己的言行是否合规合法。当遇到矛盾时，应当理性沟通解决问题，而不是选择恶意攻击，避免因一时冲动给他人带来伤害，同时也给自己招致不必要的法律后果。

 **法治小黑板**

名誉权是什么？

名誉是对自然人、法人等民事主体的品德、声望、才能、信用等的社会评价。名誉权是指民事主体就其自

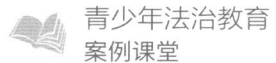
身属性和价值所获得的社会评价，享有的保有和维护的具体人格权。

常见的损害名誉的行为方式主要有两类：一是侮辱，即用侮辱性言辞等贬损他人名誉、贬低他人人格的行为，比如当众羞辱、张贴侮辱性标语等。二是诽谤，即捏造、歪曲事实或散布某些虚假的事实，损害他人名誉的行为，比如编造他人违法的虚假信息并传播等。

根据法律规定，人格权受到侵害的，受害人有权请求行为人承担停止侵害、消除影响、恢复名誉、赔礼道歉、赔偿损失等民事责任。此外，公然侮辱或者捏造事实诽谤他人的行为还可能会受到治安处罚，若情节严重，可能涉嫌刑事犯罪。例如，如果以暴力或其他方法公然侮辱他人，或捏造事实诽谤他人，达到情节严重的，那么行为人将面临三年以下有期徒刑、拘役、管制或者剥夺政治权利的刑事处罚。

侮辱与开玩笑有什么区别？

生活中，侮辱者有时会以"仅仅是开玩笑而已"为自己的行为开脱，但事实上侮辱与开玩笑在主观目的、表达内容及对方的主观感受上存在本质区别，切不可以披着"幽默"的外衣行伤害之实。

从主观目的上看，侮辱的主要目的是伤害、贬低、羞辱、攻击或展示优越感。攻击者希望通过言语让对方感到难堪、尴尬、渺小或愤怒。而开玩笑的主要目的是娱乐、拉近距离或制造轻松气氛，其本质是善意的或中性的。

从表达内容上看，侮辱通常是针对对方无法轻易改变的、敏感的"痛点"进行贬低或攻击，例如外貌、身体缺陷、过去的创伤等。而开玩笑通常只针对一些无伤大雅的事情互相调侃，较为缓和。

从主观感受上看，侮辱会使被攻击者明显感到被伤害、被冒犯、被贬低，即使侮辱者辩称"只是开玩笑"，也无法改变被攻击者的负面感受。但开玩笑往往是为了制造轻松气氛，如果一方表现出不适或受伤，开玩笑的人通常会立刻停止并道歉。

 **锦囊妙方**

如何预防名誉权侵权行为的发生？

青少年：控制情绪，避免过激行为。未成年人在与同学、朋友相处时，难免会产生矛盾。面对矛盾，应学会控制情绪，避免过激行为。不能因一时冲动而恶意攻击他人，更不能上升到侮辱、诋毁他人人格尊严的程度。否则，不仅会对他人造成心理伤害，还会破坏和谐氛围。遇到困惑时，多与家长、老师沟通。若遭受人格侮辱或诽谤，应及时记录侵害过程，寻求老师、家长以及有关部门的帮助。当发现同学被侮辱时，不应嘲笑或助长矛盾，应在保障自身安全的前提下进行劝阻，并报告老师。

家长：密切关注，注重情绪疏导。家长要以身作则，注意自己的言行，不随意辱骂他人。应密切关注孩子的情绪变化和行为表现，针对性地予以教育、引导和安抚。对于已经存在潜在侵权行为的孩子，家长应避免其接触不良网络信息，矫正其不良观念或行为，更要与学校保持联系，配合矫正孩子的攻击行为。对于存在被侵权可能的孩子，特别是性格内向、不善表达的孩子，家长应密切观察，如发现孩子出现情绪低落、不愿上学或自我伤害倾向，应及时了解情况，与学校积极沟通，帮助孩子走出困境。

 法条链接

《中华人民共和国民法典》

第九百九十五条 人格权受到侵害的，受害人有权依照本法和其他法律的规定请求行为人承担民事责任。受害人的停止侵害、排除妨碍、消除危险、消除影响、恢复名誉、赔礼道歉请求权，不适用诉讼时效的规定。

第一千条 行为人因侵害人格权承担消除影响、恢复名誉、赔礼道歉等民事责任的，应当与行为的具体方式和造成的影响范围相当。

行为人拒不承担前款规定的民事责任的，人民法院可以采取在报刊、网络等媒体上发布公告或者公布生效裁判文书等方式执行，产生的费用由行为人负担。

第一千零二十四条 民事主体享有名誉权。任何组织或者个人不得以侮辱、诽谤等方式侵害他人的名誉权。

名誉是对民事主体的品德、声望、才能、信用等的社会评价。

（本案例素材由上海市虹口区人民法院提供）

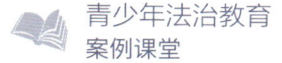

3. 养"奇珍异兽"获牢狱之灾

 案例故事

"是不是孤单寂寞，想养一只宠物陪伴？""养猫养狗太普通了，不够有个性！""哪里能买到特别珍稀的神兽？"贴吧里偶然刷到的一个话题引起了 22 岁的小刘的兴趣。

小刘大学快毕业了，觉得租房独居比较孤单，于是开始在贴吧、QQ 群里寻找比较"酷"的宠物购买途径。正巧，有个网友回复他说有靠谱途径能买到泰国进口的球蟒，于是小刘立马花 300 元购买了一条。新奇的球蟒让小刘爱不释手，他觉得比同学养的小猫小狗要"拉风"多了，经常上网晒自己养的球蟒照片。在评论区里，有不少人询问他哪里买的，能不能介绍一下。小刘灵机一动，正好他对毕业实习的岗位不太满意，于是联系上游卖家老郭，做起了"下级经销商"，把从老郭那里买来的球蟒、绿鬣蜥等野生动物从边境"接"进来，养在租来的房子里。一旦网上有人下单购买，他就直接快递发货，短短两三个月就赚了十几万元。小刘一下子觉得自己找到了发家致富的捷径。

然而没过多久，警察就找上了门——球蟒属于保护动物，小刘的行为涉嫌走私珍贵动物罪和危害珍贵、濒危野生动物罪，要被公安机关依法刑事拘留。小刘吓坏了，此时他才大学毕业，大好人生刚刚开始，就要遭遇牢狱之灾。为了争取从轻处罚，小刘积极为警方提供线索，利用未删除的聊天记录，配合警方成功抓捕到了在泰国收购野生动物的上游卖家老郭。

经鉴定，小刘走私和贩卖的球蟒、绿鬣蜥等属于濒危野生动物物种。法院审理认为，小刘从我国边境走私野生动物，并将收购来的野生动物出卖以获利，数额高达近 50 万元，其行为已经构成走私珍贵动物罪和危害珍贵、濒危野生动物罪。但其帮助警方抓获了上游卖家，且自愿如实供述自己的罪行，承认指控的犯罪事实，愿意接受处罚并预缴了罚金，可以依法从宽处理。最终，

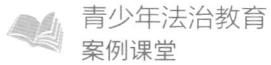
法院认为，小刘的行为构成走私珍贵动物罪和危害珍贵、濒危野生动物罪，小刘被依法判处有期徒刑二年六个月，并处罚金 15 万元。

我们一起来思考

1. 你知道哪些动物受国家保护，不能随便养吗？

2. 如果你得知你的朋友有养野生动物当宠物的想法，你会怎么做呢？

3. 如果你在网络上看到有人发布球蟒、绿鬣蜥等野生动物的购买途径，或招募下游代理商，你该如何做呢？

 **法官说法**

小刘原本只是想养一只酷炫的宠物，但在发现买卖珍稀宠物背后的"商机"后，开始涉足国家重点保护野生动物的非法买卖，最终因此触犯法律而受到刑事处罚。实际上，保护野生动物也是在保护我们人类自己。不捕捉、不饲养野生动物有助于培养尊重生命、敬畏自然的价值观，对于推动生态文明建设，实现我国环境保

护承诺以及维护国家形象都有着重要意义。

在我国，未经许可私自养殖国家重点保护野生动物是被严格禁止的。一旦被执法部门查获，违法者将面临行政处罚；如果情节严重，需要承担刑事责任。具体来说，如果有人走私国家明令禁止进出口的珍贵动物，不仅违反我国的海关法规，还损害这些珍贵动物的生态价值，可能构成走私珍贵动物罪。根据法律规定，此类犯罪将面临五年以上十年以下有期徒刑，并处罚金；情节特别严重的，可判处十年以上有期徒刑甚至无期徒刑，并没收财产；即使是情节较轻，也将面临五年以下有期徒刑，并处罚金。

另外，非法捕猎、杀害国家重点保护的珍贵或濒危野生动物，或是非法购买、运输、出售这些动物及其制品的行为，同样会破坏珍贵动物的生态价值，威胁到生物多样性，可能构成危害珍贵、濒危野生动物罪，将面临刑事处罚。法律向公众传递保护野生动物的重要性，同时也提醒公众务必遵守相关法律法规。

法官提醒：我国高度重视生态环境保护，对于走私珍贵动物罪及危害珍贵、濒危野生动物罪设置了严格且较高的量刑处罚标准。虽然饲养珍奇动物能够满足一定的猎奇心理，但一定要仔细辨别这些动物是否属于国家禁止饲养的保护物种，绝不触碰违法犯罪红线。如果发

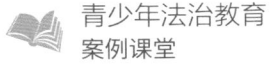

现买卖国家重点保护动物的信息或渠道，也应及时向公安机关等部门举报。

法治小黑板

什么是走私珍贵动物罪及危害珍贵、濒危野生动物罪？

走私珍贵动物罪，是指违反海关法规，逃避海关监管，非法携带、运输、邮寄珍贵动物、珍贵动物制品进出国（边）境的行为。这种行为不仅破坏我国的海关监管秩序，还对珍贵动物的生态价值造成损害。

危害珍贵、濒危野生动物罪是指非法猎捕、杀害国家重点保护的珍贵、濒危野生动物，或者非法收购、运输、出售国家重点保护的珍贵、濒危野生动物及其制品的行为。

普通宠物与国家保护动物要如何区分呢？

普通宠物通常指的是那些被广泛接受且适合家庭饲养的动物种类，比如狗、猫、观赏鱼等。而国家保护动物则是指因数量稀少或处于灭绝边缘，受到国家法律特殊保护的物种。这些保护动物一般可以在《国家重点保护野生动植物名录》以及国家保护的《有重要生态、科学、社会价值的陆生野生动物名录》(简称"三有动物名录")中查询到，名录中明确了一级和二级两类保护级别。此外，我国于1981年加入的《濒危野生动植物种国际贸易公约》附录Ⅰ和附录Ⅱ中的动植物也受到保护，未经许可不得擅自养殖。生活中，在公园、林地、湿地，甚至小区里能够见到的一些野生动物，如画眉、喜鹊、猕猴、大天鹅、绿孔雀等属于国家保护动物，是禁止捕猎、杀害和私自饲养的。

 **锦囊妙方**

保护国家保护的野生动物，我们要怎么做？

青少年：树立生态保护意识。保护野生动物是每个公民的责任，应当遵守法律法规，自觉与家人共同抵制非法捕猎、杀害、购买野生动物及其制品等违法行为，如果在线上或线下发现有违规饲养、买卖、捕捉、走私、食用保护动物的行为，应立即向公安机关或者野生动物保护行政主管部门举报。同时，牢固树立生态保护意识，尊重和爱护自然栖息地，积极参与植树造林、湿地保护等生态修复活动，为野生动物创造良好的生存环境。

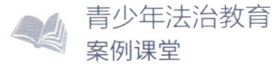

家长：引导孩子合法饲养宠物。合法养宠不仅要树立规则意识，还要强化责任教育。一方面，如果孩子想饲养"异宠"，务必了解该物种是否属于保护动物、当地法规是否允许、饲养条件是否满足，并确保来源合法可靠。购买宠物时，注意向卖家核实宠物的品种与来源，要求其提供合法来源证明和标识，不购买来源不明的动物。另一方面，饲养宠物也是培养孩子责任意识的有利时机，可以和孩子共同了解宠物的生活习性、饲养规律，做好喂食、清理、陪伴等任务，学会应对突发状况，引导孩子文明饲养、爱心饲养。

 法条链接

《中华人民共和国刑法》

第一百五十一条第二款　走私国家禁止出口的文物、黄金、白银和其他贵重金属或者国家禁止进出口的珍贵动物及其制品的，处五年以上十年以下有期徒刑，并处罚金；情节特别严重的，处十年以上有期徒刑或者无期徒刑，并处没收财产；情节较轻的，处五年以下有期徒刑，并处罚金。

第三百四十一条第一款　非法猎捕、杀害国家重点保护的珍贵、濒危野生动物的，或者非法收购、运输、出售国家重点保护的珍贵、濒危野生动物及其制品的，处五年以下有期徒刑或者拘役，并处罚金；情节严重的，处五年以上十年以下有期徒刑，并处罚金；情节特别严重的，处十年以上有期徒刑，并处罚金或者没收财产。

《中华人民共和国野生动物保护法》

第六条 任何组织和个人有保护野生动物及其栖息地的义务。禁止违法捕猎、运输、交易野生动物，禁止破坏野生动物栖息地。

社会公众应当增强保护野生动物和维护公共卫生安全的意识，防止野生动物源性传染病传播，抵制违法食用野生动物，养成文明健康的生活方式。

任何组织和个人有权举报违反本法的行为，接到举报的县级以上人民政府野生动物保护主管部门和其他有关部门应当及时依法处理。

（本案例素材由上海市第三中级人民法院提供）

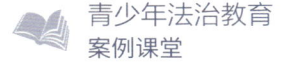

4. 一张图片引发的风波

 案例故事

作为一名充满活力与梦想的大学生，小宇在一家房产公司开启了他充实又忙碌的暑期实习之旅。他的主要任务是负责运营公司的微信公众号，通过发布各类有趣且实用的内容来吸引潜在客户。

一天，老板交给小宇一个特别的任务——撰写一篇关于"理想家居"的文章，并配上一些既能传达温馨氛围又不失设计感的图片。小宇深知这是一项挑战，因为他需要找到那些能够完美诠释理想家居概念的图片资源。经过一番苦寻，他在蓝图公司的官方网站上发现了一张编号为"bji04870102"的照片，这张照片仿佛就是为这篇文章量身定做的，它所展现出来的美感和意境完全符合小宇心中对于理想家居的理解。

然而，当小宇准备下载这张图片时，他注意到图片下方清晰地标明了授权使用的费用，同时网页底部滚动播放着版权声明："未经书面授权，禁止复制、传播或商业性使用。"尽管如此，小宇仍心存侥幸地认为，"这只是公众号文章，又不是商业广告"，于是便下载了免费预览的小图放入了文章之中。该篇文章一经发布，果然引起了读者们的热烈反响，点击量节节攀升，看似一切都在朝着积极的方向发展。

但是，三个月后，事情的发展却急转直下。房产公司收到了法院传票，原来是蓝图公司发现了他们未经授权擅自使用其摄影作品的行为，并因此提起了诉讼，要求赔偿一万元并公开道歉。

最终，此事不得不通过法律途径解决。在法庭审理过程中，法官明确指出，涉案图片已经明确标注了版权和使用声明，蓝图公司依法享有这张图片的著作权。而房产公司在没有获得任何许可的情况下，将此图片用于自家微信公众号的文章中，这一行为严重侵犯了蓝图公司的信息网络传播权。法院判决房产公司立即停止使用该图片，并向蓝图公司支付相应的赔偿金以弥补其经济损失。

我们一起来思考

1. 小宇从网上下载图片直接使用的行为对吗？

2. 当我们想要在网络上分享或使用他人的创作时应该怎么做呢？

3. 如果他人未经许可使用自己的作品，应该怎么维权？

 法官说法

上述案例中，蓝图公司辛辛苦苦创作了图片，结果房产公司的小宇未经许可把图片拿去放在公众号文章中使用，这显然构成了著作权侵权行为。有人可能会觉得，这不过是一张小图嘛，至于闹上法庭吗？其实不然，每一项知识产权都是非常宝贵的，凝聚了智慧的结晶，国家的科技、文化发展离不开知识创新，所以国家高度重视知识产权的保护。

著作权，又称为版权，是指作者对其创作的文学、艺术和科学作品依法享有的专有权利。简单来说，当作者创作了一幅画、写了一首歌或者拍了一张照片时，作者便自动拥有了对这件作品的著作权。这项权利赋予创作者决定谁可以使用他的作品以及如何使用它。同学们在学习生活中会制作一些视频、海报等作品，有些优秀的成果会发布到网络上，也有同学会开设自己的微信公众号，其中有不少内容还得到了公众普遍的关注、认可和点赞。在制作这些内容时，大家往往会使用到插图、背景音乐、字体、小短文等素材，这些素材很多都是有著作权的。如果没有经过著作权人的许可就公开使用了这些素材，就有可能构成著作权侵权。

需要注意的是，即便是在非营利目的下使用他人作品，也需要获得相应的授权。法律明确规定，无论是商业用途还是个人用途，只要超出了合理使用和法定许可的边界，都应当事先取得著作权人的同意，否则就需要承担相应的法律责任。

法官提醒：每一个原创作品背后都凝聚着创作者的心血与智慧，尊重版权不仅是对创作者劳动成果的认可，也是维护健康文化生态的关键所在。希望青少年们在网络世界里既能自由探索，也能成为守法的小公民，用实际行动支持原创，促进社会的文化繁荣与发展。记住，每一次合法使用都是对创造力的鼓励和支持！

 法治小黑板

实施哪些行为构成著作权侵权？

未经著作权人许可，又不符合合理使用或法定许可情形时，使用他人作品构成著作权侵权。具体侵权行为包括但不限于：将他人作品公之于众；在他人作品上署名；歪曲、篡改他人作品；复制他人作品；向公众提供他人作品的复制件；公开表演他人作品；通过信息网络传播他人作品；改编、翻译、汇编他人作品等。抄袭、剽窃他人的作品，以及将购买的纸质书籍进行盗印或者转换成电子版进行传播等，都是常见的著作权侵权行为。此外，随着短视频平台的发展，诸如"几分钟看完××电影/电视剧"等影视作品解说类视频不断涌现，如果未经原作品权利人的许可，那么该行为就有着极高的侵权风险，需要引起注意。

什么是对作品的合理使用？

合理使用是指为了平衡创作者权利与社会公共利益，《著作权法》中规定了在特定情形下，不需要著作权人许可且不需要支付报酬即可使用已经发表的作品，但需要注明作者和出处，且不能损害其合法权益，不能影响原作品的正常使用。主要情形包括：（1）为个人学习、研究或者欣赏而使用他人作品，例如学生为了学习而复印教材的部分章节；（2）在学校课堂教学或者科研中翻译、少量复制他人作品；（3）以报道新闻为目的、不可避免使用已经发表的作品，已指明作者姓名或作品名称，并且未影响原作品正常使用；（4）为了介绍、评论某一作品或者说明某一问题而适当引用他人作品；（5）对公共展示或者陈列的艺术作品进行临摹、摄影等非商业性的使用，例如临摹他人画作进行绘画练习等。

侵犯他人著作权要承担哪些法律责任？

实施著作权侵权行为的，侵权者要根据情况承担停止侵害、消除影响、赔礼道歉、赔偿损失等民事责任。侵权行为同时损害公共利益的，由主管著作权的行政部门责令停止侵权行为，予以警告，没收违法所得，没收侵权复制品及侵权工具等，处以罚款。情节严重构成犯罪的，将依法追究刑事责任。

 **锦囊妙方**

保护著作权，我们应该怎么做？

青少年：增强知识产权保护意识。保护知识产权有助于激励创新，同学们需树立知识产权保护意识。日常生活中，坚决抵制盗版产品。在发布文章或视频等内容时，务必仔细审查所用素材是否获得授权，避免发生侵权行为。一旦收到侵权通知，应立即停止相关行

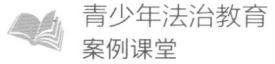

为，并主动与著作权人协商解决，防止问题扩大化。同时，积极利用法律手段保护自己的创作成果，如遇到被侵权情况，可通过举报、投诉、诉讼等方式维护自身权益。

社会：营造尊重知识、崇尚创造的良好氛围。社会各界应加大对知识产权保护的宣传力度，提升公众对著作权保护的认知水平，让尊重原创成为社会共识。主管机关应加强执法力度，严厉打击侵权盗版行为，保障创作者的合法权益；要建立健全更加便捷高效的版权登记、交易和维权机制，为创作者提供良好的制度保障。媒体和教育机构要发挥积极作用，通过开设相关课程、举办讲座和宣传活动，引导公众特别是青少年树立正确的知识产权观念，共同营造公平、健康、有序的社会环境。

 法条链接

《中华人民共和国民法典》

第一百二十三条　民事主体依法享有知识产权。

知识产权是权利人依法就下列客体享有的专有的权利：（一）作品；（二）发明、实用新型、外观设计；（三）商标；（四）地理标志；（五）商业秘密；（六）集成电路布图设计；（七）植物新品种；（八）法律规定的其他客体。

《中华人民共和国刑法》

第二百一十七条 以营利为目的，有下列侵犯著作权或者与著作权有关的权利的情形之一，违法所得数额较大或者有其他严重情节的，处三年以下有期徒刑，并处或者单处罚金；违法所得数额巨大或者有其他特别严重情节的，处三年以上十年以下有期徒刑，并处罚金：

（一）未经著作权人许可，复制发行、通过信息网络向公众传播其文字作品、音乐、美术、视听作品、计算机软件及法律、行政法规规定的其他作品的；

（二）出版他人享有专有出版权的图书的；

（三）未经录音录像制作者许可，复制发行、通过信息网络向公众传播其制作的录音录像的；

......

（五）制作、出售假冒他人署名的美术作品的；

......

第二百一十八条 以营利为目的，销售明知是本法第二百一十七条规定的侵权复制品，违法所得数额巨大或者有其他严重情节的，处五年以下有期徒刑，并处或者单处罚金。

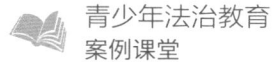

《中华人民共和国著作权法》

第十条 著作权包括下列人身权和财产权：

......

（十二）信息网络传播权，即以有线或者无线方式向公众提供，使公众可以在其选定的时间和地点获得作品的权利。

......

（本案例素材由上海市嘉定区人民法院提供）

5. 好心搀扶反成被告

 案例故事

"我是好心，怎么我帮助别人还成被告了，这还有没有天理了……"庭审结束后，魏先生无助地叹气。

"就是因为你，我们俩才摔倒的！你要承担责任！"年近七旬的秦阿婆指责道。

二人究竟发生了什么事呢？原来，在几个月前，秦阿婆乘坐自动扶梯拎包换手时忘了抓住扶手，身体瞬间失去平衡，头朝下倒在了扶梯上。站在她身后的张女士，被这突如其来的一幕吓得不知所措，下意识地向后退了两三个台阶，试图避开倒下的秦阿婆，然而，她

身后也是不断上升的扶梯，退无可退。就在这时，旁边下行扶梯上的魏先生目睹了这一幕。他一个箭步跨过扶梯扶手，冲到秦阿婆身边。"阿婆，您没事吧？"魏先生一边询问，一边用力搀扶秦阿婆。秦阿婆被摔得有些发蒙，她想要借力站起来，却又一个没站稳，身体再次向后倾倒。魏先生猝不及防，被秦阿婆带得向后倒去，撞到了身后的张女士。此时张女士身体也失去平衡，向后倒在了扶梯上。地铁公司的工作人员在一分钟内赶到了现场，迅速关停了扶梯，拨打了急救电话，将张女士送往医院。经诊断，张女士头部和面部受到外伤，右桡骨远端骨折，伤势不轻。

事情发生后，张女士将秦阿婆、魏先生和地铁公司告上了法庭，要求他们承担赔偿责任。

秦阿婆则坚称，张女士受伤是魏先生碰倒才导致的，与自己无关。魏先生很无奈，认为他本是出于善意去救助秦阿婆，却没想到会引发这样的后果。地铁公司则认为自己已经尽到了安全保障义务，对这起事故并无过错。

法院审理认为，魏先生的行为属于善意救助，避免了秦阿婆在运行中的扶梯上进一步受伤，不应苛责其注意义务。地铁公司作为管理者，已通过多种方式提示乘客注意乘梯安全，且事发前扶梯运行正常，事发后工作人员及时到场处置，已尽到合理的安全保障义务。魏先生和地铁公司均无须承担责任。秦阿婆作为老年人，在乘坐自动扶梯时未抓紧扶手导致摔倒，进而引发事故，主观上存有一定过错，应承担侵权责任。

我们一起来思考

1. 如果你是魏先生，在紧急情况下选择帮助摔倒的秦阿婆，却意外导致他人受伤，你认为自己需要承担责任吗？

2. 你知道地铁公司的安全保障义务有哪些吗？

3. 青少年应该如何培养良好的公共行为习惯，从而减少潜在的风险和伤害？

 ## 法官说法

在日常生活中，我们常常会遇到需要帮助他人的情况。然而，有时候好意相助也有可能带来意想不到的后果。上述案例中，秦阿婆认为是魏先生的行为直接导致了张女士受伤，因此魏先生应当承担责任。那么秦阿婆的说辞有法律依据吗？

魏先生的"好心帮忙"在法律意义上被称为"善意救助"。根据《民法典》第184条的规定，如果救助行为是在紧急情况下出于善意且未有故意或重大过失的情况下实施的，则救助人不承担民事责任。在上述案例中，魏先生的行为完全符合这一规定。他出于帮助秦阿婆的目的，在紧急情况下采取了行动，虽然最终结果并不理想，但他的初衷没有恶意，行为也没有重大失误，考虑到整个事件的发生具有突发性和不可预见性，魏先生的行为并不构成侵权。因此，法院根据《民法典》的"善意救助责任豁免"条款免除了善意救助人魏先生的责任，秦阿婆的主张没有得到法院的支持。

在公共场所，比如商场、车站、公园这些地方，管理者有责任保障各种服务设施的安全使用，包括确保设备运行正常，设置明显的安全提示标志，还要准备好应对突发情况的措施等。上述案例中，地铁公司作为公共设施的管理方，可以说已经尽到了安全保障义务。例如：在电梯旁边设置了醒目的安全提示，提醒乘客注意乘梯安全；发生意外后，第一时间把电梯关停，并迅速拨打急救电话。尽管事故发生在他们的管理范围内，但他们已经尽力把风险降到最低，因此不需要为这次意外承担责任。上述案例也提醒大家，在乘坐地铁、公交或其他公共设施时，一定要留心身边的安全提示，遵守相关规定，尽可能减少意外的发生。

法官提醒：助人为乐是中华民族的传统美德，许多助人为乐、见义勇为的行为虽然没有被法律条文详细规定，但体现了人类善良本性和高尚道德。在司法实践中，法律会保护善意救助人，弘扬社会主义核心价值观，守护善良和美德。同时，在日常生活中，我们要遵守各种规则，增强自我保护意识。无论是乘坐公共交通工具还是在其他场合，都要时刻考虑到对他人和社会的影响，做一个既勇敢又有责任感的公民。

 法治小黑板

什么是善意救助条款？

善意救助条款，也称为"好人法"，是《民法典》中新增的一项重要规定，旨在鼓励人们在他人遇到危难时勇敢伸出援手。具体体现在《民法典》第184条："因自愿实施紧急救助行为造成受助人损害的，救助人不承担民事责任。"根据该条的规定，在紧急情况下，如果出于善意去帮助别人，并且没有故意或重大过失，即使救助行为导致了对方的伤害，救助人也不需要为此承担责任。

善意救助人造成损害是否要承担法律责任？

善意救助人如果符合以下三个条件，则可以免于承担法律责任：一是具有救助他人的善意，即救助行为必须是出于真诚的救助意愿。二是实施了具体的救助行为，即在他人处于危难或困境中时，采取了实际的紧急救助行为。三是损害结果并非故意或重大过失所致，即便救助过程中造成了受救助人的损害，只要这种损害不是因为救助人的故意或重大过失引起的，救助人就不需要负责。

《民法典》还规定了哪些类似的责任分配条款？

除了善意救助条款外，《民法典》还明确规定了若干重要的责任分配条款，旨在合理平衡各方利益和社会公正。例如：

见义勇为：因保护他人民事权益使自己受到损害的，由侵权人承担民事责任，受益人可以给予适当补偿。如果无侵权人、侵权人逃逸或无力承担民事责任，受害人请求补偿的，受益人应当给予适当补偿。例如，当你为了保护他人的生命安全而受到伤害又找不到侵害者的时候，受益人应当给予适当的补偿，这体现了社会对勇敢行为的认可和支持。

好意同乘：非营运机动车无偿搭乘情形下，如果发生交通事故造成无偿搭乘人损害，除非驾驶员存在故意或重大过失，否则应减轻其赔偿责任。这一规定同样反映了法律对于善意行为的支持，鼓励人们互相帮助而不必担心因小概率事件而遭受重大的经济损失。

自甘风险：参加具有一定风险的文化体育活动时，参与者应当预见并接受可能存在的危险，对于因此而发生的意外事故，组织者和参与者之间通常不构成侵权责任。例如，自愿参加打篮球、踢足球、滑雪、攀岩等具有一定风险的体育活动时，参与者在活动中受伤并非由于他人故意、重大过失或场地管理瑕疵等可归责事由，而是意外受伤，那么一般情况下，其他参与者或者组织活动的人是不承担责任的。

自助行为：当合法权益受到侵害而情况紧迫无法及时获得国家机关保护时，受害人可以在必要范围内采取合理措施进行自我救济，事后应及时请求有关国家机关处理。例如，经营者遇到顾客强拿商品拒不付款时，可在必要范围内扣留商品，并立即报警。

 **锦囊妙方**

青少年在公共场所如何预防潜在的风险？

青少年：知规则、守安全、懂救助。青少年在公共场所要始终保持安全意识和规则意识。乘坐自动扶梯时

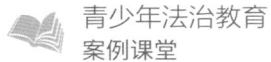

应当站稳扶好，避免使用移动电子设备或嬉戏打闹。在地铁站、商场等人流密集区域要注意行走安全，避免拥挤和推搡。要学会观察周围环境，留意安全标识和应急出口。遇到突发情况时保持冷静，量力而行地提供帮助，若发现危险，及时向工作人员求助。培养良好的公共行为习惯，既是对自己负责，也是对他人负责。

家长：重引导、树榜样、强意识。作为家长，应从小培养孩子的安全意识和责任意识。通过日常生活中的言传身教，引导孩子遵守公共场所的规则，例如排队等候、不攀爬护栏、不在扶梯上奔跑等。同时，指导孩子在面对突发事件时正确判断施救的必要性，并强调施救时的自我保护。家长应当以身作则，成为文明出行的表率，与孩子共同学习相关法律知识，提升法治意识，帮助孩子成长为有爱心、有责任感的合格公民。

 **法条链接**

《中华人民共和国民法典》

第一百八十三条 因保护他人民事权益使自己受到损害的，由侵权人承担民事责任，受益人可以给予适当补偿。没有侵权人、侵权人逃逸或者无力承担民事责任，受害人请求补偿的，受益人应当给予适当补偿。

第一百八十四条 因自愿实施紧急救助行为造成受助人损害的，救助人不承担民事责任。

第一千一百七十六条 自愿参加具有一定风险的文体活动，因其他参加者的行为受到损害的，受害人不得请求其他参加者承担侵权责任；但是，其他参加者对损害的发生有故意或者重大过失的除外。

活动组织者的责任适用本法第一千一百九十八条至第一千二百零一条的规定。

第一千一百七十七条 合法权益受到侵害，情况紧迫且不能及时获得国家机关保护，不立即采取措施将使其合法权益受到难以弥补的损害的，受害人可以在保护自己合法权益的必要范围内采取扣留侵权人的财物等合理措施；但是，应当立即请求有关国家机关处理。

受害人采取的措施不当造成他人损害的，应当承担侵权责任。

第一千一百九十八条 宾馆、商场、银行、车站、机场、体育场馆、娱乐场所等经营场所、公共场所的经营者、管理者或者群众性活动的组织者，未尽到安全保障义务，造成他人损害的，应当承担侵权责任。

因第三人的行为造成他人损害的，由第三人承担侵权责任；经营者、管理者或者组织者未尽到安全保障义务的，承担相应的补充责任。经营者、管理者或者组织

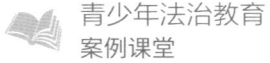
者承担补充责任后，可以向第三人追偿。

　　第一千二百一十七条　非营运机动车发生交通事故造成无偿搭乘人损害，属于该机动车一方责任的，应当减轻其赔偿责任，但是机动车使用人有故意或者重大过失的除外。

　　（本案例素材由上海市第三中级人民法院提供）

第二章

校园生活与规则

校园生活是未成年人成长过程中不可或缺的重要组成部分，它既是学习知识的殿堂，也是人格塑造与社会化的重要场域。本章从同学关系、体育活动、课外辅导、国家安全等不同角度选取了五个案例，反映当代未成年人面临的成长问题，破解未成年人成长困惑，为校园生活纠纷提供法治化解思路。

6. 好兄弟反目 一人受伤一人被拘

 案例故事

　　"我真后悔，不该因一时气愤就失去理智，对朋友做出那么过分的事。"这是小李在开庭时的忏悔。昔日的好兄弟，如今为何会对簿公堂？这还得从一件小事说起。

　　17 岁的小李和 15 岁的小黄是从小玩到大的好朋友。生日前夕，小李邀请好友小黄参加他的生日聚会，小黄答应了。可小黄却因早与他人有约，在生日聚会那天放了小李的"鸽子"。小李对此十分不满，在学校带领其他同学孤立小黄，还用言语辱骂他。一周后的一天，小李召集了几名同学，在放学路上堵

暴力不能解决问题

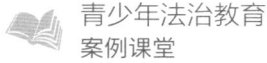
住小黄，对他拳打脚踢，甚至用石头将他砸伤，强行索要并用微信转账 500 元，还逼他写下 1500 元的欠条。当时围观的同学虽多，却无人劝阻。在被殴打的过程中，小黄身体多处受损伤，头上血流不止。随后，小黄被路人紧急送往医院，经鉴定构成轻微伤。公安机关依法立案侦查，检察机关起诉到法院。

法院审理认为，被告人小李随意殴打他人，并强拿硬要他人钱财，破坏社会秩序，其行为已经构成寻衅滋事罪。考虑到小李主动投案、赔偿医药费并获得小黄谅解，法院依法从轻判处他拘役，并适用了缓刑，要求其接受教育，参与社区公益劳动。

我们一起来思考

1. 小李的这一行为是否构成学生欺凌？它会给小李和小黄带来什么影响？

2. 如果你是小黄，在同时受到邀请，时间安排发生冲突的情况下，你会如何处理？

3. 如果你是旁观者，遇到有人在校园内外欺凌他人，你会怎么做呢？

法官说法

原本是无话不谈的好兄弟，却因琐事反目，最后一人受伤住院，一人被判拘役，实在令人唏嘘。本案中，小李带领其他同学，在校内孤立、辱骂小黄，并在校外暴力殴打他，强要钱财，这些行为属于学生欺凌。每个人都要对自己的行为负责。最终，小李也因欺凌他人，受到法律的惩处。

那么，像小李这样实施学生欺凌的行为人会承担哪些法律后果呢？

行为人实施学生欺凌行为，造成他人人身损害、严重的精神损害或者财产损失的，要承担相应的民事赔偿责任。对于未成年人，一般由其监护人（父母）承担赔偿责任。赔偿范围包括被侵害人的医药费、护理费、交通费、营养费等，造成残疾的，还要赔偿辅助器具费和残疾赔偿金。

行为人实施侮辱、殴打、故意伤害他人、强拿硬要或者损毁财物等行为时，可能违反《治安管理处罚法》，轻则处以警告、罚款，重则可能会处以拘留。对于已经达到刑事责任年龄的行为人，其实施欺凌行为可能构成寻衅滋事罪、故意伤害罪、抢夺罪、敲诈勒索罪、抢劫罪等刑事犯罪，根据情节轻重可判处管制、拘役等刑

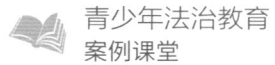
罚,严重者将面临有期徒刑乃至无期徒刑的刑事处罚。

法官提醒:青少年遇事易冲动,但暴力从来不是解决问题的正确方式。同学相处难免产生摩擦,要学会包容,及时沟通化解,必要时可寻求老师或家长的帮助。任何违法行为都要承担相应后果,敬畏法律、遵守规则,在法治框架内实现自我价值、处理矛盾纠纷,方为走向成熟的成长之道。

法治小黑板

什么是学生欺凌?

学生欺凌,是指发生在学生之间,一方蓄意或者恶意通过肢体、语言及网络等手段实施欺压、侮辱,造成另一方人身伤害、财产损失或者精神损害的行为。学生欺凌不一定是严重的暴力行为,它包括身体欺凌、语言欺凌、社交欺凌、财物欺凌、网络欺凌等。

身体欺凌:侵犯他人身体或者恐吓威胁他人,如殴打、脚踢、掌掴、抓咬、推撞、拉扯等。

语言欺凌:辱骂、讥讽、嘲弄、挖苦他人或起侮辱性绰号等。

社交欺凌:恶意排斥、孤立他人,影响他人参加学校活动或者社会交往等。

财物欺凌：抢夺、强拿硬要或者故意毁坏他人财物等。

网络欺凌：通过网络或者其他信息传播方式诽谤、诋毁他人或恶意传播他人隐私等。主要包括：语言攻击、曝光他人隐私、制造和传播虚假信息等。

欺凌与打闹有什么区别？

一看双方是否强弱对等。欺凌往往是强势方对弱势方的伤害，双方在体力、智力、地位以及人数上存在不对等，在伤害发生时，弱势方往往对强势方缺乏抵抗的能力。而打闹双方的力量通常差不多，不存在一方欺压另一方的情况。

二看是否存在角色转换。欺凌行为往往发生在不对等的双方之间，双方所处的角色通常是长期固定的。而打闹时双方角色会发生频繁的转换，轮流扮演主动者的角色。

三看是否尊重参与者的意愿和情绪反应。欺凌行为发生时，被欺凌者一般是被迫、被挑衅参与的，不能轻易退出，且感到恐惧、孤立或愤怒。而打闹时参与者可以自己决定是否参与、是否退出，双方都感到开心或兴奋，结束后通常仍能友好相处。

四看是否存在伤害意图。欺凌者会采取孤立、排挤、羞辱、打骂的方式对待被欺凌者，有故意伤害、贬低或者控制他人的意图。打闹则是玩耍中偶然发生的事情，无恶意，目的是娱乐或互动。

五看是否存在重复性。欺凌行为通常具有延续性、长期性、重复性。打闹行为系偶然、随机发生的事件。

学生欺凌有哪些危害？

学生欺凌对于社会、被欺凌者、欺凌者，甚至旁观者都会产生不良影响。

社会危害：长期、固定的学生欺凌会助长恃强凌弱的不良风气，破坏和谐的校园环境，影响社会的稳定和发展。

被欺凌者：除了身体上的伤害，被欺凌者还可能会出现心理创伤，包括恐惧、自卑、抑郁等情绪，严重者可能出现心理障碍，甚至终生受到影响。

欺凌者：实施欺凌的学生，可能会受到学校纪律处分，甚至面临被罚款或拘留等法律后果，轻则承担民事责任，重则承担行政责任，严重的甚至要承担刑事责任。如果不及时矫正欺凌行为，还会形成错误认知，导致性格畸形发展，因惯性而走向犯罪道路。

旁观者：对周围环境有不安全感；容易受到不良影响，有的甚至会效仿、推动学生欺凌。

 **锦囊妙方**

面对学生欺凌，我们能做什么？

青少年：树立自信，尊重他人。作为学生个体，要树立自信，成为自己人生的主角；有自己的"朋友圈"，遇到困难及时求助；尊重别人个性，不指手画脚；积极锻炼身体，形成蓬勃向上的气场。当遇到欺凌时亦不要胆怯，通过大声警告斥退，采用身边的东西格挡以自我防护，面对"强敌"尽力躲避，走为上策。及时保留身体伤痕等证据，告诉老师、家长，寻求法律帮助。当发现其他同学遭到欺凌时，绝不要只做"吃瓜群众"，要帮助同学留存证据，在能力范围内尝试制止欺凌行为，超出能力范围的应及时告诉老师、家长或报警。

家长：密切关注，配合管教。家长要密切关注孩子的情绪表达和攻击性行为，引导孩子控制情绪，对孩子的暴力行为及时采取干预措施。严格约束自身行为，不能用暴力解决家庭冲突，同时杜绝孩子接触渲染暴力的音视频作品、网络游戏等。一旦孩子出现异常攻击行为，应与学校老师保持联系，配合学校矫正孩子行为。如果发现孩子突然不想上学、无端情绪变化、抱怨有同学针对他、身上出现伤痕、出现自我伤害倾向、睡眠存在困

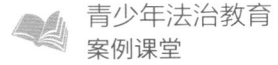

难等，要问明情况，及时和学校沟通，鼓励孩子勇敢面对和自我保护，鼓励、引导孩子建立良好的人际关系。

学校：加强预防，完善处置。一是要建立完善的防范机制。包括制定相关规章制度、加强校园安保、建立学生互助机制等，以预防学生欺凌的发生。二是及时关注学生动态，快速反应。一旦发现学生遭受欺凌和暴力，学校和家长要及时相互通知，对严重的欺凌和暴力事件，要向上级教育主管部门报告，并迅速联系公安机关介入处置。三是对于学生欺凌受害者，校方应立即组织医疗救助、心理干预、司法协助等。四是要加强对欺凌者的惩戒教育力度。定期开展法官说法、预防学生欺凌等普法教育，提升学生法律意识和自护能力。

法条链接

《中华人民共和国刑法》

第二百九十三条 有下列寻衅滋事行为之一，破坏社会秩序的，处五年以下有期徒刑、拘役或者管制：

（一）随意殴打他人，情节恶劣的；

（二）追逐、拦截、辱骂、恐吓他人，情节恶劣的；

（三）强拿硬要或者任意损毁、占用公私财物，情节严重的；

（四）在公共场所起哄闹事，造成公共场所秩序严重混乱的。

纠集他人多次实施前款行为，严重破坏社会秩序的，处五年以上十年以下有期徒刑，可以并处罚金。

《中华人民共和国未成年人保护法》

第一百三十条　本法中下列用语的含义：

······

（三）学生欺凌，是指发生在学生之间，一方蓄意或者恶意通过肢体、语言及网络等手段实施欺压、侮辱，造成另一方人身伤害、财产损失或者精神损害的行为。

《最高人民法院关于审理未成年人刑事案件具体应用法律若干问题的解释》

第八条　已满十六周岁不满十八周岁的人出于以大欺小、以强凌弱或者寻求精神刺激，随意殴打其他未成年人、多次对其他未成年人强拿硬要或者任意损毁公私财物，扰乱学校及其他公共场所秩序，情节严重的，以寻衅滋事罪定罪处罚。

（本案例素材由上海市浦东新区人民法院提供）

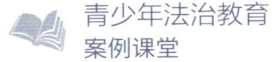
7."网钩"暗箭步步惊心

案例故事

小吴同学是我国沿海地区的一名高中生。和其他同龄人类似，他的一大爱好就是在学习之余刷刷短视频消遣。

某日，小吴正无聊地滑动着手机屏幕，突然看到"好友添加"处多了一个红色标记。小吴正愁无事可做，立刻兴致勃勃地添加好友并和对方聊了起来。对面的人自称是广告公司的"代办员"，向小吴提出请他到周边地区的告示牌附近拍几张照片，给自己用作素材。对方还暗示小吴，不但动动手指就可以有高额的"辛苦费"，如果可以把同学都拉来参与拍摄，还可以提成"介绍费"。面对送上门来的"泼天富贵"，起初小吴也有些警觉，但当他按照要求拍好照片给对方发去，还介绍了一位同学和自己一起"兼职"并拿到不菲的"辛苦费"和"介绍费"后，本来就不多的怀疑瞬间烟消云散。

两个星期内，小吴先后拉来了八位同学加入他的"兼职群"，同学们结伴，利用午休、周末等课余时间骑车前往指定地点拍照，却丝毫没注意到这些地点不是军事禁区就是安全重地。沿途看到军车和军事装备时，几个同学还兴致勃勃地"加拍"给"代办员"。直到国家安全机关的工作人员找到小吴，并严肃地告知他所谓的广告公司"代办员"是境外间谍情报机关的"暗探"，小吴方才如梦初醒，但此时已经悔之晚矣。

法院审理认为，小吴接受间谍组织及其代理人的任务，为境外间谍组织刺探我国政治军事秘密，危害我国家安全，其行为已经构成为境外刺探、非法提供国家情报罪，依法应受到刑事处罚。

我们一起来思考

1. 境外间谍机关为何越来越多地选择未成年人作为渗透我国、刺探情报的"突破口"？

2. 除了本案这种情况外，你还知道或能想到哪些可能危害国家安全的行为或事件呢？

3. 如果你是小吴，在线上线下接到了类似于本案中这种偷拍、偷录某些地点或人员的请求，你会如何处理？

 ## 法官说法

在信息技术飞速发展、国际形势风云变幻的今天，青少年已经成为维护国家安全的"新生力量"。国家安全在你身边，在新时代国家安全战线上，我们的日常行为都可能与国家安全紧密相连，我们都是维护国家安全的重要一员。那么，国家安全有哪些具体的内容呢？

坚持总体国家安全观，是新时代国家安全工作的根本遵循和行动指南。总体国家安全观内容丰富，强调"大安全"理念，涵盖诸多领域，并将随着时代发展不断拓展。具体来说，总体国家安全观以人民安全为宗旨、以政治安全为根本、以经济安全为基础、以军事科技文化社会安全为保障、以促进国际安全为依托。在本案中，小吴的行为构成为境外刺探、非法提供国家情报罪。具体而言，拍摄军事设施属于刺探，向境外传输则构成非法提供，他的行为侵害了国家的军事安全。大家试想，如果我国的军事情报被境外势力所掌握，那么我们国家的国防体系必将面临严重威胁。虽然本案被国家安全机关及时侦破，危害范围得到有效控制，但小吴还是因为法治意识的淡薄和国家安全理念的缺失付出了沉重的代价。

法官提醒：隔着未知网络递来"兼职"邀请，也许就是境外间谍机构伸出的"黑手"，让人在不知不觉中深陷其中，触犯法网。其实，小吴也并非对对方的身份毫无察觉，但高额的"酬劳"让他心存侥幸。在任何未知的风险面前，我们青少年必须提高警惕，擦亮眼睛，避免在侥幸心理的支配下被别有用心的人"钓鱼上钩"，既是对自己最好的保护，也是对国家、社会应尽的责任。

 **法治小黑板**

为什么境外侵害国家安全的"黑手"正在伸向未成年人？

在当代社会，未成年人深度参与网络活动。一方面

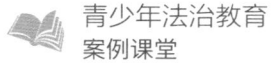
享受着海量的信息资源，一方面却缺乏足够的辨别能力，他们既是数字时代的"原住民"，也是网络空间的"易感群体"。未成年人普遍社会阅历尚浅、好奇心强，对国家安全缺乏全面的了解和认识。境外间谍情报机关正是利用这一特点，在虚拟世界设置针对未成年人的"网钩"暗箭，企图打开侵害国家安全的缺口。

具体来说，境外机关常以网络兼职、社交交友、课外活动等名义，诱骗辨识能力较弱的未成年人群体，锁定目标后，就会如本案所示，许诺提供报酬丰厚、内容简单的工作或活动，引诱未成年人落入其布下的陷阱。为扩大效果，境外机关还可能如本案般诱使未成年人以"拉人头"的方式发展下线，形成连锁危害。这类案件往往涉案人数多，影响危害大。

当未成年人察觉异常试图抽身时，境外机关便会撕下伪装，以掌握的隐私信息相要挟，甚至以其个人前途、家人安危相威胁，对心智尚未成熟的青少年进行精神恐吓和心理操控，迫使其在错误的道路上越陷越深。案发后，境外势力隐匿无踪，而被迫参与其中的未成年人则要独自承担法律责任。

哪些行为可能会侵害国家安全？

随着科技的发展，危害国家安全的行为方式不断翻新，对国家安全工作提出了全新挑战。除本案涉及的"有偿拍照"外，我们简单介绍几种与未成年人日常生活密切相关的风险高发点。

小小快递有玄机。近年来，一些来自境外的快递包裹成为生物入侵和有毒物质传播的"秘密通道"，威胁我国生物生态安全。境外组织和个人向我国境内寄递红耳龟、红火蚁、美国牛蛙等外来物种，企图破坏本土生态平衡，侵害我国生物安全和生态安全。个别不法分子还可能夹带化学危险品入境，制造安全隐患。

地图打卡有猫腻。一些境外地图公司利用采集地图数据换取虚拟货币奖励的方式，诱使未成年人使用专项设备在指定地点打卡，实则是非法采集敏感地理空间信息数据。在利益驱使下，未成年人可能无意间成为窃取国家地理空间数据的工具。

深度伪造藏祸心。深度伪造（deep fake）指利用人工智能深度学习算法伪造图片、音频、视频等。它的出现使篡改或合成的音视频内容可以达到以假乱真的程度。少数掌握该技术的未成年人可能出于好奇，制作合成某些涉及政治、经济、社会等方面的虚假音视频，极有可能成为间谍情报机关"认知作战"的新工具，为其污蔑抹黑、混淆视听等提供便利，危害我国国家安全。

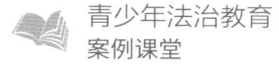

锦囊妙方

未成年人如何维护国家安全？

国家安全关乎每个人。未成年人应当主动担当维护国家安全的责任。这里，有一份为未成年人量身定制的国家安全防护指南：

筑起思想堤坝，掌握核心技能。牢固树立总体国家安全观，主动学习《国家安全法》《反间谍法》等法律法规，充实国家安全的知识储备和法治素养。关注国家安全部微信公众号，及时获取国家安全最新信息。

提升辨识能力，解锁火眼金睛。遇到可疑情况，先问自己三个问题："为什么找到我？""是否涉及敏感信息？""可能会有什么后果？"所谓高额报酬的"拍摄风景"、敏感资料的"学术调研"、高薪聘请的"兼职翻译"，统统不要上当！请记住，天上不会掉馅饼，打着"高薪＋简单"旗号的，往往暗藏玄机！

担起国安重任，坚决付诸行动。从身边做起，向亲友普及国家安全知识，积极参与国家安全主题社会实践活动。牢记"12339"国家安全机关举报电话，及时报告可疑行为。如果有志于投身国家安全事业，还可以努力学习报考国家安全相关专业，在神圣的国徽和警徽下成为光荣的国家安全捍卫者。

 法条链接

《中华人民共和国刑法》

第一百一十一条 为境外的机构、组织、人员窃取、刺探、收买、非法提供国家秘密或者情报的，处五年以上十年以下有期徒刑；情节特别严重的，处十年以上有期徒刑或者无期徒刑；情节较轻的，处五年以下有期徒刑、拘役、管制或者剥夺政治权利。

《中华人民共和国国家安全法》

第十一条 中华人民共和国公民、一切国家机关和武装力量、各政党和各人民团体、企业事业组织和其他社会组织，都有维护国家安全的责任和义务。

......

第七十七条 公民和组织应当履行下列维护国家安全的义务：

（一）遵守宪法、法律法规关于国家安全的有关规定；

（二）及时报告危害国家安全活动的线索；

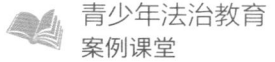
（三）如实提供所知悉的涉及危害国家安全活动的证据；

（四）为国家安全工作提供便利条件或者其他协助；

（五）向国家安全机关、公安机关和有关军事机关提供必要的支持和协助；

（六）保守所知悉的国家秘密；

（七）法律、行政法规规定的其他义务。

任何个人和组织不得有危害国家安全的行为，不得向危害国家安全的个人或者组织提供任何资助或者协助。

（本案例素材来源于国家安全部网站）

8. 绿茵场上的意外

 案例故事

那是个阳光明媚的午后，某中学的足球场上，一场激动人心的校际足球赛正如火如荼地进行着，一群少年奔跑拼抢、挥洒汗水，尽情展现青春的活力。其中，小跃和小浩无疑是球场上最耀眼的存在，他们凭借出色的拼抢能力和敏捷的身手，成为各自队伍的中坚力量。

此时，足球正滚向禁区附近，小跃和小浩几乎同时发现了这个机会。小跃的眼神瞬间变得锐利，心中只有一个念头："这球必须拿下！只要抢到它，我们队就有机会破门得分！"他咬

紧牙关，双腿猛地发力，像离弦之箭般朝着足球冲去。小浩同样不甘示弱，他暗暗给自己鼓劲："不能让小跃抢到，我一定要先拿到球！"他的目光紧紧锁定足球，拼尽全力加速，每一步都充满了对胜利的渴望。

两人都全神贯注地盯着足球，丝毫没有注意到彼此的位置。就在即将触到球的瞬间，一声沉闷的撞击声在球场上响起——小跃和小浩狠狠地撞在了一起。小跃由于冲得更猛，受到的冲击力也更大，他只感觉一阵钻心的剧痛从手肘传来，不由自主地惨叫一声，整个人重重地摔倒在地。

这突如其来的意外让原本激烈的比赛戛然而止。体育老师见状，立刻吹响哨声，快步跑上前查看情况。校医也很快赶到现场，他初步判断小跃很可能是骨折了。由于保健室的医疗条件有限，只能进行一些简单的止血和固定处理，校医建议马上联系家长并送小跃去医院进行专业救治。

不一会儿，救护车的鸣笛声由远及近，小跃被抬上了救护车。经过医院检查，小跃被确诊为右肘关节多发骨折且伴有脱位，这一结果让小跃和家人都难以接受。小跃的家长认为学校没有尽到安全保障义务，而小浩的行为直接导致了小跃受伤，于是一纸诉状将学校和小浩及其监护人诉至法院，要求承担赔偿责任。

法院审理认为，学校组织的足球比赛属于正常体育课教学。赛前学校已向学生明确告知注意事项和安全要求，比赛场地草皮虽有磨损，但无明显不平整等安全隐患。事发后，学校保健室及时对小跃伤情进行初步处理并通知家长，未延误救治或加重伤情，已充分履行教育管理职责，不存在过错，无须承担赔偿责任。小跃作为中学生，对足球比赛存在的运动风险应有基本认知。小浩在比赛过程中既无伤害小跃的主观故意，也不存在犯规或故意碰撞行为，对小跃受伤无过错，其本人及监护人无须承担侵权责任。不过，小浩及其监护人自愿对小跃作了经济补偿，法院予以认可。

我们一起来思考

1. 小浩撞倒小跃的行为有过错吗？

2. 学生参与学校组织的运动比赛受伤，学校一定有责任吗？

3. 参与对抗性体育活动时，我们该如何防范运动伤害呢？

 **法官说法**

一场足球比赛，却演变成一次受伤骨折事故，这是

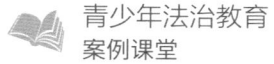
谁都不愿看到的结果。小跃的受伤发生在校园里，属于典型的校园伤害类案件。法院在审理体育课学生意外伤害引发的纠纷时，既要保护未成年人权益，也应维护正常教学秩序。

众所周知，足球运动具有群体性、对抗性以及一定的人身危险性，参与者无一例外地处于潜在的危险之中，参与者既是危险的潜在制造者，也是危险的潜在承受者。在足球活动中，踢球人之间合理的身体接触或碰撞属于正常现象，为取得控球权而争抢足球是常见且必要的动作，在此过程中发生人身伤害难以完全避免。一般因争抢足球而发生的身体接触或碰撞并不是参与者自己主观所能控制的，由此造成他人身体上的伤害，除非行为人具有故意或者重大过失，否则不应承担赔偿责任。

体育课作为中小学必修课程，对促进学生身心健康发展具有重要意义。对学校依规组织开展体育教学活动不应苛求完美，亦不应使组织者和其他参与者动辄得咎。监护人应理性看待孩子在学校可能受到的伤害，不能以伤害结果来倒推学校和其他学生的责任。如只要发生校园伤害事故，就判定学校承担责任，将导致学校消极应对，减少体育活动时间，最终不利于学生的健康成长。同理，如学生在参加文体类活动时，一旦发生接触碰撞导致伤害事故，就要求对方承担赔偿责任，亦会导致同学们参加文体活动意愿的消减，不利于学生的健康成长。

法官提醒：学生参与体育运动，是促进身心健康成长的重要途径。然而，具有冲撞性、对抗性的运动项目，客观上存在一定的人身伤害风险，预防这类事件的发生需要大家的共同努力。学生参与体育锻炼时，特别是对抗性比较强的项目时，要充分认识潜在的风险，采取合理防护措施。学校在鼓励体育锻炼的同时，应当加强安全教育，确保活动安全有序开展。

 **法治小黑板**

你知道法律中的"自甘风险"条款吗？

《民法典》第 1176 条规定了文体活动领域的"自甘风险"原则，即运动者自愿参加具有一定风险的体育运动时，对于在运动规则下合理对抗而产生的身体伤害，无权要求其他运动者承担损害赔偿责任。值得注意的是，受伤者"自甘风险"并不代表其他参与者一概免责，其他参与者若对于损害发生存在故意或重大过失的，仍应承担相应的侵权责任。对于是否存在故意或重大过失，一般应结合运动比赛规则认定，若参赛者遵守比赛规则，并无针对性恶意犯规，则不应让其承担损害赔偿责任，否则学生们在进行体育竞技运动时会畏手畏脚，长此以往会打击学生参与体育比赛的积极性。本案中小浩和小跃都是未成年人，心智还没完全成熟，但对于这些比赛的规则和比赛中所含的风险具有基本认知能力。考虑到小浩在比赛中并未故意伤害小跃，也没有采取任何违规动作，不存在法条中规定的其他参加者"故意或者重大过失"，因而可以免责。

此外，活动组织者需对活动承担安全保障义务，这与活动参与者的"自甘风险"并不矛盾。简单来说，如果参与者受伤的原因是活动组织者存在过错，例如存在足球场的草皮不平整、篮球场的球架不牢固、田径场的跑道很湿滑等情况，则活动组织者就要承担责任。因此，当学校组织体育运动时，应当尽到相应的教育管理职责，保护好学生的安全。

学校组织体育运动时应该尽到哪些职责呢？

学校对学生负有安全保障义务，需要采取适当措施，确保学生能够在运动中同时获得安全、快乐和成长。具体来说，学校在组织体育活动时应注意以下方面：

课程设置应当符合学生年龄特点和体质状况，并结合具体的体育能力培养需要。在场地设施方面，学校应划定安全活动范围，并保证提供的体育活动场地及设施符合国家标准。如有某些特种设备需要按期维护，学校还要及时组织检修，消除安全隐患。在安全教育方面，学校在体育运动前应告知学生相关的注意事项和安全要求，在运动过程中应安排老师实时监督和管理，指导学生正确开展活动，纠正违规和危险动作。在救助职责方面，如果学生不幸发生受伤事件，学校应第一时间送校医务室和医院进行救治并及时通知家长，避免因救治不及时或救治错误造成二次伤害。

即使学校已经采取了可能范围内的一切措施，体育运动伤害的风险仍然不可能完全消除。因此，学校可以采取投保或设立学生意外伤害赔偿准备金等方式分担潜在的伤害风险，家长也可以为孩子购买相关的意外保险，共同构建良性和谐的家校关系，为未成年人的健康成长保驾护航。

 **锦囊妙方**

未成年人如何科学防护体育运动伤害？

固有风险要重视。 任何体育活动均存在一定风险，尤其是足球、篮球等对抗性运动，运动员之间发生身体上的接触和碰撞属于运动本身的固有特性。参与者既面临潜在的身体碰撞风险，同时也可能成为风险的制造者。所以，参加体育运动的学生一定要对可能发生的碰撞、摔伤等伤害保持高度警惕，控制自身动作幅度，在保护自身安全的同时避免对他人造成伤害。

安全第一要牢记。未成年人在参加体育活动时，一定要时刻关注自身状态，严格遵循活动规则，切不可麻痹大意。活动前需充分做好热身准备。提前学习掌握运动技术要领及安全注意事项，循序渐进地提升运动强度，确保身体适应运动需求。在活动过程中，要选择安全的运动环境，确保场地平整、器材稳固、温度适宜，并穿着合适的运动服装。

防护技巧要掌握。未成年人在运动过程中如感到不适或出现受伤情况，应立即放慢动作或停下来，避免伤情加重。例如，摔倒时，顺势做好屈膝、弯腰、低头含胸、团身滚动，切不可用直臂或肘部撑地。若自己或同伴意外受伤，应彼此谅解包容。一句真诚道歉、一次大度原谅，也许能守护珍贵的同学情谊，留住青春里纯真美好的回忆。

📄 法条链接

《中华人民共和国民法典》

第一千一百七十六条 自愿参加具有一定风险的文体活动，因其他参加者的行为受到损害的，受害人不得请求其他参加者承担侵权责任；但是，其他参加者对损害的发生有故意或者重大过失的除外。

活动组织者的责任适用本法第一千一百九十八条至第一千二百零一条的规定。

第一千二百条 限制民事行为能力人在学校或者其他教育机构学习、生活期间受到人身损害，学校或者其他教育机构未尽到教育、管理职责的，应当承担侵权责任。

（本案例素材由上海市第二中级人民法院提供）

9. "完美下腰"的终生代价

案例故事

"啊!"听着监控里小美痛苦的求救声,小美妈妈流下了心疼的泪水。

寒假期间,星星舞蹈中心的招生活动火爆开启。6岁的小美一直有个舞蹈梦,在获得妈妈的同意后满怀期待地参加了这期中国舞培训班,梦想有一天自己能站在舞台的聚光灯下翩翩起舞。然而,一次不当的下腰练习改变了一切。

这天,小美按时来到了培训班,由于临近舞蹈考级,老师正忙着指导几位高年级学生动作,简单讲了讲下腰动作后,便让小美等几位初学者先

自行练练。小美在尝试下腰的过程中，突然感到腰部一阵剧痛，后仰摔倒，表情痛苦地向老师求助。此时老师还未意识到问题的严重性，只是让她休息，可没过一会儿，小美实在难忍疼痛，用手捂住后背放声大哭了起来。

后来，小美被送去医院，但当天下午就无法坐下和站立。面对泪水涟涟的小美和心急如焚的家长，医生只能无奈地摇摇头："虽然我们已经让小美口服了药物并及时进行肌肉注射，但送医的时间实在太晚，孩子的脊髓损伤已达到伤残级别，未来康复疗程也很漫长。"小美妈妈愤怒地质问舞蹈机构，想为女儿讨还公道，却发现老师没有教学资质，机构没有配备急救人员，也没有制定应急预案，而且也未向小美道歉和赔偿。眼见对方如此冷漠，小美和妈妈决意将舞蹈机构告上法庭。

法院审理认为，星星舞蹈中心作为儿童舞蹈培训机构，应当知道幼儿参加舞蹈训练可能存在的风险。根据中国舞考级教材推荐，下腰动作练习需年满 10 周岁，像小美等低龄初学者并不适宜练习此动作。机构招聘的部分舞蹈老师不具备教授儿童舞蹈的资格和能力，其不仅在教学过程中没有对小美尽到注意义务和必要的安全保护，而且事故发生后未第一时间联系家长，未如实告知实际情况，致错失最佳治疗时间，最终造成小美严重受伤，应当承担全部责任。最终，经法官释法说理，舞蹈

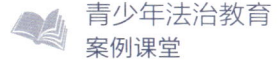
机构向小美及家人赔礼道歉，愿意主动赔偿小美的治疗及康复费用。

目前，小美也逐渐康复，慢慢回归正常生活。

我们一起来思考

1.参加课外文体活动时，你知道什么动作具有风险吗？

2.如果需要训练高难动作，你知道要做哪些准备吗？

3.假设你在课外文体活动中不幸受伤，应该如何保护自己的权益呢？

 法官说法

舞蹈是优美的艺术，像小美这样的未成年人参加舞蹈培训本来是为了在舞步中展现美好青春的弧度，却因为一个意外而身受伤残之苦，让花季蒙上了一层厚厚的阴影。更让人担心的是，小美的遭遇并非个例。随着社会竞争愈发激烈，家长和孩子都希望能多掌握一些技能，促进未来的全面发展。在这样的需求刺激下，以舞蹈为代表的体育艺术类培训班开始层出不穷，相关的产业在快速发展的过程中也存在泥沙俱下的情况。小美所在的培训班的老师就是没有资质、滥竽充数的"南郭先生"。此类未成年人在舞蹈、体育培训班受伤甚至伤残的案例受到公众广泛关注，折射出类似的问题不容忽视。

根据相关法律法规，培训机构作为学生接受教育培训的场所，要对学生承担教育管理职责。这些职责具体体现为在培训场所、设施设备、安全保障、从业人员、培训内容等方面符合特别规定。如音乐类场地要做好室内音效和隔音设计，还要配备保障教学的音乐器材；舞蹈类场所则要设置通长镜面和可升降把杆等设备，地面还要采用木地板或专用地胶；美术类场所必须在采光方面满足要求。如本案中培训班一样的"草台班子"，则要面临责令停止开展培训活动、注销或吊销登记手续、责令关闭、罚款等处罚。如果发生重大安全事故，那么培训机构的负责人还可能承担刑事责任，面临法律制裁。

法官提醒：选择校外培训机构时，各位同学和家长一定要提高警惕、擦亮眼睛，充分了解培训班的相关情况。真正负责的培训机构除了会在教学内容和专业师资方面下足功夫，更会时刻拧紧守护孩子安全这根发条。音符是否正确、画作是否生动、舞蹈是否标准十分重要，但安全是这一切的首要保障。还未盛放的青春蓓蕾，不应该因一时疏忽而过早凋谢。

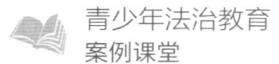
 **法治小黑板**

校外培训机构的教育、管理职责有哪些？

根据《民法典》的规定，校外培训机构应依法履行对学生的"教育、管理责任"。该责任适用于包括学校、幼儿园、课外培训机构等所有教育教学机构。作为以专业知识技能传授为主要业务的校外培训机构，必须经监管部门审批并取得办学许可证和营业执照后方可开展教学活动。

日常运营中，培训班必须聘用符合国家要求且具有相应资质的教师，严禁无证上岗。课程设计应当符合就学的未成年人的年龄特点和身心状况，不得超范围开展教学活动，严禁安排超出学生承受能力的高强度训练。培训班还要确保教学场所符合消防、卫生等安全标准，及时消除各类安全隐患，并在课前开展安全教育，指导学生掌握基本的应急避险技能。最后，应当建立健全突发事件处置机制，制定完善的安全应急预案并定期组织演练，确保突发情况下能够及时有效应对。简而言之，就是切实保障学生"开开心心上课来，平平安安回家去"。若因未履行上述职责导致学生受伤，培训机构须承担相应法律责任。

体育艺术类校外培训有什么特殊安全要求呢？

2023 年 11 月，教育部等三部门发布了《中小学生舞蹈等体育艺术类校外培训安全提醒》，明确提出"五不要"安全准则。这五项规定就是开展这类培训活动时可以参考的具体规则。

一是杜绝无安全保障的培训行为。 具体包括：避免在亮面瓷砖或水泥地面开展训练；训练前必须做好充分热身；高危动作必须配备保护措施；严禁在疲劳状态下进行训练等可能增加受伤风险的情形。

二是禁止过早实施高强度柔韧训练。 过早进行超负荷柔韧训练可能导致儿童器官发育不良、肌肉发育缺陷等健康问题。

三是严禁过度施加脊椎、腰部外力。 鉴于个体发育差异，过度进行关节、脊椎、韧带的受力挤压训练可能引发骨骼错位、关节疼痛等问题，严重者将影响正常生长发育。

四是不得开展超高难度动作训练。 身体腾空翻转、下腰、掰腿、劈叉等高危动作必须建立在系统化专业训练基础上，且在专业人员监护下进行。特别强调未满 10 周岁儿童应谨慎进行下腰等脊椎腰部训练。

五是禁止教授与身心健康不符的内容。 所有教学内容应当符合不同年龄段儿童的身心发展特点，严格杜绝

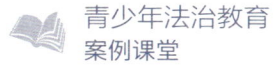
暴力、血腥、色情等不良内容，着力培养儿童向善向上向美的品质。

 **锦囊妙方**

如何在校外培训活动中保护自身安全？

青少年： 做自己的"安全卫士"。一是危险动作不逞强。练习前主动询问老师动作风险等级，如侧手翻、下腰等危险动作需在老师一对一保护下完成；关注场地隐患（如地板湿滑、器材松动）并立即报告老师，拒绝在不安全环境中训练。二是受伤疼痛快自救。疼痛或不适时立刻停止练习，避免二次伤害；及时向老师或工作人员明确说明受伤部位、疼痛程度和事故细节；尽快要求老师联系家长，并如实告知家长自己的具体情况，由家长判断是否有必要赴医院就医。

家长： 当孩子的"法律盾牌"。一是选机构做到"五查"：查资质，要求教育机构出示营业执照和办学许可证等；查师资，核实教师是否持有专业资格证书；查场地，检查地胶厚度、把杆牢固度、急救箱配置等；查保险，确认教育机构是否购买校方责任险或意外险；查评价，通过家长群、公开信息平台等渠道了解机构口碑。二是受伤后保存证据：一旦受伤，要保管好全部医疗证据，如诊断书、X光片、缴费票据原件；现场证据，立即拍摄孩子受伤时的场地、器材照片，调取监控录像；沟通的证据，与机构人员的微信聊天、通话录音需留存，特别注意对方是否承认过错。

 法条链接

《中华人民共和国民法典》

第一千一百九十九条 无民事行为能力人在幼儿园、学校或者其他教育机构学习、生活期间受到人身损害的，幼儿园、学校或者其他教育机构应当承担侵权责任；但是，能够证明尽到教育、管理职责的，不承担侵权责任。

第一千二百条 限制民事行为能力人在学校或者其他教育机构学习、生活期间受到人身损害，学校或者其他教育机构未尽到教育、管理职责的，应当承担侵权责任。

《中华人民共和国未成年人保护法》

第四十一条 婴幼儿照护服务机构、早期教育服务机构、校外培训机构、校外托管机构等应当参照本章有关规定，根据不同年龄阶段未成年人的成长特点和规律，做好未成年人保护工作。

（本案例素材由上海市静安区人民法院提供）

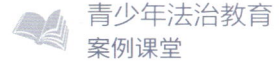
10. 别把兄弟情写成"宣战书"

 案例故事

周小瑜和小小乔是一对欢喜冤家，两人平时就总是吵吵闹闹。暑假中的某天，两人在出游时又闹起了意见，小小乔赌气走掉了。可巧，她在路上碰见另一朋友曹小瞒，便让曹小瞒送其回了家。殊不知，曹小瞒对小小乔很有好感，当晚便在朋友圈秀出自己与小小乔同行的照片。有好事者马上把曹小瞒的朋友圈截图发给周小瑜。周小瑜知道之后怒火中烧，与曹小瞒在电话、微信、语音等各种渠道吵翻了天。双方互不相让，都宣称要让对方见识自己的厉害。

几天后，周小瑜同

刘小备纠集了张小飞、关小羽、黄小盖几人，准备了棍棒、钢管等工具，来到"赤壁广场"附近等候曹小瞒。这一边，曹小瞒也叫上了自己的"死党"许小褚、夏小侯、典小韦等人"应战"。周小瑜的同学吕小布听说有"热闹"可看，也来到了现场。在打斗追逐过程中，吕小布一时气血上涌，也积极参与斗殴，并随手捡拾地上的钢棍将曹小瞒、夏小侯打伤。这下大家都怕了，一下子都作鸟兽散，"赤壁之战"就这么草草收场。

两个伤者被送到医院，经鉴定，夏小侯达轻微伤，曹小瞒未达到人体损伤程度最低标准。公安机关介入后，周小瑜在学校被警察叔叔"生擒"，其他行为人则先后主动至公安机关投案。上述被告人到案后，均如实供述了事情经过。

法院审理认为，各个"参战方"的行为均已构成聚众斗殴罪。各行为人犯罪时已满 16 周岁不满 18 周岁，有自首或坦白等依法从轻或减轻处罚的情形，且都真诚认罪悔罪，依法可以宣告缓刑。最终法院以聚众斗殴罪依法判处周小瑜等十人一年至三年不等刑期，并适用缓刑。在缓刑考验期间，周小瑜向法官写来了一封信，表示非常后悔自己当初一时冲动参与斗殴，今后会改过自新、好好学习，提高是非善恶辨别能力，做对国家、对社会、对家庭有用的人。

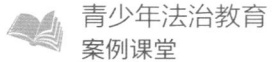
我们一起来思考

1. 假如你是曹小瞒，面对他人提出的"约架"挑衅，你会怎么做？

2. 夏小侯在斗殴中被打致轻微伤，作为受害人的他是否还需要承担刑事责任？

3. 如果刘小备动员其他人斗殴，但自己没有到现场参与打架，是否构成聚众斗殴罪？

 法官说法

本案中，数名青少年手持各种器械，在公开场所打架斗殴，已经符合聚众斗殴罪的构成要件。本来是一件微不足道的小事，却在双方及其同伴的推波助澜下，最终演变为一起社会影响恶劣、后果严重的聚众斗殴事件，教训可谓深刻。除了夏小侯、曹小瞒不同程度受伤之外，参与人还要面临刑事责任。具体责任认定需根据各自在犯罪中的行为作用大小等予以区分。

根据《刑法》第292条的规定，年满16周岁且具有刑事责任能力的人，包括未成年人，都能成为聚众斗殴罪的主体，但该罪只处罚聚众斗殴的首要分子和其他积极参加者。首要分子，是指在聚众斗殴中起组织、策划、指挥作用的犯罪分子；其他积极参加者，是指除首要分子以外的在聚众斗殴中起重要作用的犯罪分子。对首要分子和其他积极参与者，判处三年以下有期徒刑、拘役或者管制；如果发生多次斗殴、斗殴人数多规模大、斗殴造成社会秩序严重混乱、持械斗殴等非常恶劣的情况，则对首要分子和其他积极参与者判处三年以上十年以下有期徒刑。如果在斗殴过程中导致他人重伤、死亡，那么具体行为人还要按照故意杀人或故意伤害致人重伤的规定判刑，可能判处无期徒刑乃至死刑，也就是要面临更加严重的法律后果。

法官提醒： 兄弟情义是青葱少年的宝贵财富，但真正的朋友绝不会怂恿朋友为自己"两肋插刀"，更不会教唆朋友实施暴力行为。恰恰相反，真正的朋友应当是在你冲动时予以劝阻、在是非面前帮助你冷静思考的人。如果被一时的"哥们义气"迷住双眼，一时冲动的暴力行为所带来的后果，将如烙印般伴随本应充满无限可能的人生。

 **法治小黑板**

什么是聚众斗殴罪？

聚众斗殴罪是指为了报复他人、争霸一方或者其他

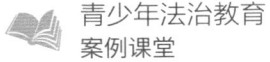
不正当目的，聚集多人成帮结伙地互相进行殴斗、攻击对方身体、破坏公共秩序的行为。这里面有四个关键要素：不正当目的、聚集多人、攻击对方身体、破坏公共秩序。

以三国典故为例，"三英战吕布"讲的是刘备、关羽、张飞、吕布四个人为了争夺虎牢关发生冲突，继而大打出手。这就是第一个关键要素"不正当目的"。刘备一方有三个人，吕布身边还有一个找机会随时上场的起组织、策划、指挥作用的首要分子董卓，这就是第二个关键要素：聚集多人，至少需要一方达到三人或双方合计在三人以上。这四个人你来我往打得好不热闹，这就是第三个关键要素：互相进行殴斗、攻击他人身体。这次打架斗殴事件在虎牢关城外吸引了数十万人的观看，导致社会秩序发生巨大混乱，这就是第四个关键要素：破坏公共秩序。

斗殴行为和防卫行为的区别是什么？

在生活中，由于斗殴行为与防卫行为在外观上有一定的相似性——看起来都是一方攻击一方反击，人们常常存在"即使是斗殴，但后出手的人属于正当防卫"的误区。根据《刑法》规定，为了使国家、公共利益、本人或者他人的人身、财产和其他合法权利免受正在进行的不法侵害，而采取的制止不法侵害的行为，对不法侵害人造成损害的，属于正当防卫，不负刑事责任。正当防卫有严格的条件要求：（1）起因条件：必须有实际存在的不法侵害行为；（2）时间条件：不法侵害行为必须正在进行；（3）对象条件：防卫行为必须针对不法侵害者本人实施；（4）主观条件：必须是为了国家、公共利益、本人或者他人的人身和财产或其他合法权利免受正在进行的不法侵害才能实施正当防卫；（5）限度条件：防卫不能明显超过必要限度造成重大损害，超过这个限度就构成防卫过当，行为人仍然应当负刑事责任，但应当减轻或者免除处罚。

斗殴的双方均具有积极地不法侵害他人的意图，在主观上并没有防卫的意识，不符合正当防卫的主观要件。因此，在相互斗殴的过程中，即使一方当事人的行为看似具有防卫反击的性质，也不能认定为正当防卫。

 **锦囊妙方**

未成年人应该如何远离聚众斗殴？

青少年正值情绪变化激烈的青春期，易因一些琐碎小事而激发起争强好胜之心，认为要叫上一帮人与对方打斗一场才能保住"面子"，显示自己"威风"；或受朋友召集，碍于兄弟义气，遇事盲从，行为不计后果，进而导致犯罪发生。一场意气之争就让青春毁于冰冷的铁窗，这是令人深感可惜而又极不划算的事情。那么，未成年人应当如何自我保护，远离聚众斗殴的漩涡呢？

做学法懂法"明白人"，拒绝"江湖义气"陷阱。必须清醒认识到，参与聚众斗殴即构成违法犯罪行为，即便未直接实施殴打行为，仅有言语鼓动或助威等行为也可能面临治安管理处罚。违法犯罪行为不管被裹上什么漂亮的外衣，也不能改变其违法本质。面对"胆小鬼""怂包"等激将式的约架挑衅，应当明确表达拒绝参与的立场，以及不赞同用暴力解决问题的态度。需谨记，这样的选择不仅是在保护自己，更是在挽救可能因一时冲动而误入歧途的朋友。

做管理情绪"清醒人"，拒绝"冲动鲁莽"上头。谁都会有情绪上头的时候，但人成长的标志就在于能管理情绪，而非被情绪所支配。青少年应当主动结交遵纪守法、处事理性的良友，形成通过学习、运动、技能等获得成就感的良性循环，自觉远离崇尚暴力手段的不良社交圈。即使在冲动时产生用暴力解决问题的想法，也应当冷静思考斗殴乃至伤害行为可能造成的严重后果，想想以大好前程为代价发泄一时愤怒是否值得。待情绪平复后，会发现那些引发冲突的事由根本不值得"大动干戈"。

做自我保护"理性人"，拒绝"明枪暗箭"伤害。智者不立于危墙之下，远离风险环境是自我保护的首要原则。在现实生活中，应避免在偏僻区域或人员混杂场所无故逗留；对随身携带刀具、棍棒等危险物品的人员要保持警惕，学会识别和判断潜在风险。在网络空间，不随意加入以"约架""滋事"为目的的网络群组，如发现相关不良信息应及时截图保存并向家长及学校报告。对于短视频平台中煽动斗殴的不良内容要保持清醒认识。

 **法条链接**

《中华人民共和国刑法》

第二百九十二条 聚众斗殴的，对首要分子和其他积极参加的，处三年以下有期徒刑、拘役或者管制；有下列情形之一的，对首要分子和其他积极参加的，处三年以上十年以下有期徒刑：

……

（四）持械聚众斗殴的。

……

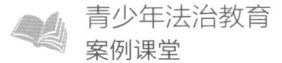

《中华人民共和国未成年人保护法》

第十一条 任何组织或者个人发现不利于未成年人身心健康或者侵犯未成年人合法权益的情形，都有权劝阻、制止或者向公安、民政、教育等有关部门提出检举、控告。

国家机关、居民委员会、村民委员会、密切接触未成年人的单位及其工作人员，在工作中发现未成年人身心健康受到侵害、疑似受到侵害或者面临其他危险情形的，应当立即向公安、民政、教育等有关部门报告。

有关部门接到涉及未成年人的检举、控告或者报告，应当依法及时受理、处置，并以适当方式将处理结果告知相关单位和人员。

（本案例素材由上海市浦东新区人民法院提供）

第三章

家庭中的权利义务

家庭是孩子成长的港湾，家长应当为孩子提供一个安全、温暖的成长环境，承担起教育与保护子女的责任。本章从保护未成年人合法权益和父母依法履行监护职责的角度选取了五个案例，介绍了父母、子女以及家庭成员之间享有的权利和应当履行的义务，帮助父母正确履行监护职责，构建健康和谐的家庭关系。

11. 一场纸筒火箭引发的"高价战斗"

 案例故事

想象一下：一个6岁的"特种兵"，举着自制的"八倍镜火箭筒"，以一辆红色轿车作为战壕与"敌人"展开"激战"……这不是科幻电影，而是某小区真实发生的"军事行动"！可谁能想到，这场"特别军事行动"最后竟让家长赔了3000元人民币？

6岁的小杰是某军事动画片的超级粉丝，他模仿着动画中的作战场景，梦想着成为一名英勇的特种兵。除了动画角色的英勇姿态，各种炫酷的特种装备更是他的心头好。某天下午，他翻出家里的硬纸筒、铁夹子，一番捣鼓

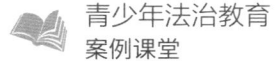
后，竟真做出了心目中的"多功能八倍镜火箭筒"！他兴奋地冲下楼，一眼相中了那辆锃亮的红色轿车——在他眼中，这分明就是自己那鲜艳的"特战堡垒"！

"突突突！""轰——！"小杰趴在地上，一个鹞子翻身，顺势把铁夹子架在车身上，对准天空的"敌机"一顿输出，随即又转身"扫射"来袭的敌人，往来复去，不亦乐乎。可就在他沉浸于"战场"时，铁夹子的锋利边缘却在车漆上划出一道道触目惊心的"伤痕"……

小杰圆满完成想象中的"军事任务"，在夕阳的余晖下潇洒离去。车主戚女士看到爱车时直接崩溃："我的车是被坦克碾过了吗！"一查监控，真相让人哭笑不得："凶手"竟是个举着纸筒手舞足蹈的萌娃！

"孩子不懂事，凭什么赔？"小杰妈妈理直气壮。

"6岁就能'拆车'，不管还得了？"协商不成，戚女士只能诉诸法庭。

法庭上，法官一锤定音：动画片可以看，但现实不是战场！未成年人闯祸，由监护人承担侵权责任，最终判决小杰的父母赔偿戚女士车辆维修费3000元。

我们一起来思考

1. 日常生活中，你会模仿喜爱的动画人物的言行吗？

2. 如果你是小杰，划伤车后，你会怎么办？

3. 6 岁的小杰对他人造成的损害，该由谁承担责任呢？

 法官说法

这起案例中，6 岁的小杰因模仿动画片中的情节造成他人财产损失，虽然其行为源于儿童的游戏天性，但造成的损失却是实实在在的，并不能以"只是个孩子"为由免除责任。生活中，诸如此类因孩子的"天真行为"引发意外损害的情形并不少见，此类情况下的法律责任应当如何划分？

法律意义上的"人"，根据民事行为能力可以分为三类：无民事行为能力人、限制民事行为能力人和完全民事行为能力人。无民事行为能力人指的是那些由于年龄太小（未满 8 周岁的儿童）或者不能辨认自己行为（比如精神病患者），无法独立行使权利或履行义务的人。限制民事行为能力人则包括 8 周岁及以上的未成年人，以

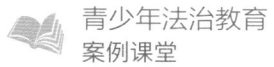
及不能完全辨认或控制自己行为的成年人。无民事行为能力人和限制民事行为能力人都需要监护人的监督与保护，监护人负责管理他们的人身安全和财产权益等事务。在这个案例中，6岁的小杰属于无民事行为能力人，他的父母就是他的监护人。

根据法律规定，无民事行为能力人造成他人损害的，不直接承担责任，而是由其监护人来承担相应责任。若该无民事行为能力人拥有个人财产，应优先从其个人财产中支付赔偿费用，不足的部分再由监护人补足。限制民事行为能力人造成损害的，也是同样的处理原则。因此，在本案中，虽然实际造成损害的是小杰，但根据法律规定，最终应由小杰的父母承担相应的赔偿责任，支付受损车辆的维修费用。

法官提醒： 动画片中的世界虽然精彩刺激，但现实生活有其特定的行为规范。未成年人应当认识到自己的行为可能产生的实际后果。在享受天马行空乐趣的同时，要学会区分虚拟与现实，增强行为责任意识。同时，家长们也应该积极参与孩子的兴趣引导，帮助其建立安全、健康的表达方式，共同维护和谐的社区环境。

 **法治小黑板**

为什么动画情节不能轻易模仿？

一是未成年人辨别能力不足。年幼的孩子想象力丰富，往往缺乏足够的辨别能力和判断能力，难以区分艺术虚构与现实行为。由于认知发展水平的局限，未成年人可能会不加辨别地模仿动画、影视中的危险动作，从而导致意外事故发生。本案所幸仅造成财产损失，但现实中已有造成人身伤害的案件发生，例如，2023 年湖南某地一名 4 岁男童模仿动漫中的情节，用雨伞作为降落伞，从 26 楼跳下坠亡。

二是内容可能包含不适宜元素。动画片为增强戏剧效果，往往会采用夸张的表现手法，其中部分情节可能包含暴力、危险动作或其他不适宜未成年人观看的内容元素，这些经过艺术加工的情节设计，在现实中可能是无法实现或者极其危险的。这些内容对于未成年受众，特别是低龄儿童来说，难以准确区分虚构情节与现实行为的界限，极易产生模仿冲动。

模仿动画情节的边界在哪？越界了有什么后果呢？

儿童对动画情节的模仿行为是否触碰到了法律责任的

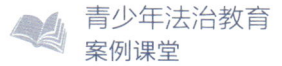
边界，应当从行为后果进行判断。如果儿童在模仿动画过程中，只是进行了一些无害的、虚构的行为，并未对现实生活中的任何人或物造成伤害，则属于正常的游戏活动。

反之，若模仿行为涉及暴力、危险动作并造成损害后果，则需承担相应责任：造成财产损失、人身伤害或严重精神损害的，应承担民事赔偿责任。未成年人通常由其监护人承担赔偿责任；若涉嫌违法且达到责任年龄，可能面临行政处罚甚至刑事责任。

 **锦囊妙方**

预防动画片对未成年人的不良影响，应该怎么做？

青少年：理性观看，提升辨识力。未成年人应当增强辨别能力，主动选择正能量、适合年龄段的优质动画片，避免接触含暴力、低俗或错误价值观的作品。在观看动画等影视作品时，学会控制时长，防止沉迷影响学习和健康。增强自身的主体意识和批判性思考能力，学会分析动画情节，辨别虚构夸张手法，不模仿危险动作或错误行为，同时培养多元的兴趣爱好。在遇到动画片中的困惑或负面内容的情况下，及时与家长、老师讨论，寻求正确引导。

家长：陪伴引导，筑牢防线。家长应加强对孩子的教育和引导，在日常生活中，应关注孩子的兴趣爱好和动画片观看情况，需筛选内容健康、积极向上的作品，及时解释和教育正确理解动画片里面的内容。特别是对于幼年儿童，他们尚未建立基本的是非观，模仿能力极强，家长要选择适龄内容的作品给孩子观看。此外，还应通过日常生活中的点滴小事，培养孩子的责任感和法律意识，让孩子明白自己的行为会对他人和社会产生影响，从而学会尊重他人的人身和财产权利。

学校：教育引导，正向赋能。学校作为未成年人生活和学习的重要场所，应承担起相应的监管和教育责任。一方面应加强对学生的法治教育和行为养成，提高他们的法律素养和道德水平；另一方面可以组织各类活动，丰富未成年人的课余生活，引导他们减少使用电子产品的时间。

社会：协同治理，净化生态。一方面，政府部门应当完善动画片内容分级制度，强制平台对包含暴力、成人元素作品标注显著警示，针对不同年龄段设置不同的观看标准，以减少对未成年人的不良影响；另一方面，互联网平台应当切实履行主体责任，通过技术手段优化推荐算法，严格过滤不良信息，健全内容审核机制，重点整治软色情、暴力美化等隐性违规内容，规范二次创作

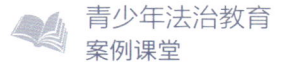

传播秩序。此外，应当建立社会共治机制，畅通社会监督渠道，形成政府监管、平台自律、家校引导、公众监督的综合治理格局，为未成年人营造清朗的网络空间。

 法条链接

《中华人民共和国民法典》

第十九条 八周岁以上的未成年人为限制民事行为能力人，实施民事法律行为由其法定代理人代理或者经其法定代理人同意、追认；但是，可以独立实施纯获利益的民事法律行为或者与其年龄、智力相适应的民事法律行为。

第二十条 不满八周岁的未成年人为无民事行为能力人，由其法定代理人代理实施民事法律行为。

第二十三条 无民事行为能力人、限制民事行为能力人的监护人是其法定代理人。

第一千一百八十八条 无民事行为能力人、限制民事行为能力人造成他人损害的，由监护人承担侵权责任。监护人尽到监护职责的，可以减轻其侵权责任。

有财产的无民事行为能力人、限制民事行为能力人造成他人损害的，从本人财产中支付赔偿费用；不足部分，由监护人赔偿。

（本案例素材由上海市金山区人民法院提供）

12. 以"爱"为名的暴力旋涡

 案例故事

最近，老师和同学发现小常变了：原来的他待人友善、遵守纪律，现在的他却不按时完成作业、在课堂上睡觉、迟到，甚至冒犯同学。老师询问原因，小常却支支吾吾："我……"这一切还要从几年前说起。

小常父亲对孩子的期望很高，为孩子报兴趣班，带孩子出去旅游，是亲朋好友眼中的"好爸爸"。但是旁人不知情的是，小常父亲在家中还会对孩子施加另类的"教育"手段。小常开始读书后，一次考试没考好，爸爸看到试卷上的成绩，反手一巴掌朝他挥去；一

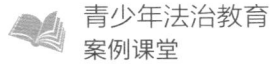
且小常晚睡或者作业做慢了，迎来的就是父亲劈头盖脸的辱骂……长此以往，小常也开始怀疑自己：我是不是做错了什么？到底怎么做才能得到爸爸的认可呢？难道暴力才可以帮我解决问题？小常尝试更努力达到爸爸的要求，可是一个不小心又会引来暴力管教。暴力管教形成恶性循环：小常因恐惧而开始抗拒学习，而爸爸看在眼里又变本加厉。小常仿佛坠入了一个以"爱"为名的暴力旋涡，在学校里的表现一落千丈。小常也意识到这样下去会越陷越深，于是向法院提出了人身安全保护令申请。

法院审理认为，小常父亲在教育孩子时方式过于简单粗暴，确实经常使用殴打的方式，对孩子造成了一定的伤害。为了最大限度地保护未成年人的身心健康，避免因家长不恰当的教育方式对未成年人造成伤害，法院出具了人身安全保护令，裁定禁止小常父亲对孩子实施家庭暴力。

我们一起来思考

1. 小常父亲出于"教育"目的殴打小常的行为，属于家庭暴力吗？

2. 如果你是小常，在父亲对你以教育为名实施殴打时，你会怎么做？

3. 如果你发现同学身上有伤痕，他说"我爸说我成绩差，就该打"，你会怎么做？

📋 **法官说法**

不可否认，小常父亲在孩子学习和生活上确有付出，但这并不能抵消其在教育孩子时方式方法上的不恰当。小常父亲"心安理得"打孩子反映了一些父母的典型心理："打你是为了你好。"可是这种以"爱"为名的棍棒教育不但不利于未成年人的身心健康，还会让家长面临相应的法律后果。

本案中的人身安全保护令，便是法律后果中的一种。人身安全保护令是由人民法院根据家庭暴力受害人的申请经审查后出具的法律文书，其中除了载明禁止被申请人对申请人实施家庭暴力外，还可以明确禁止被申请人骚扰、跟踪、接触申请人及其相关近亲属，责令被申请人迁出申请人住所等。人身安全保护令的执行由人民法院负责，并可得到公安机关以及居（村）民委员会、妇联等有关部门的协助。

如果遭受家庭暴力的受害人本人因未成年、年老、残疾、重病、受到强制、威吓等原因无法申请人身安全保护令，其近亲属、公安机关、民政部门、妇女联合会、居（村）民委员会、残疾人联合会、依法设立的老年人组织、救助管理机构等，也可根据受害人的意愿，代为申请。

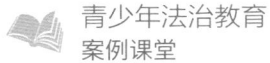
人民法院受理申请后，会在 72 小时内作出人身安全保护令或者驳回申请；情况紧急的，则会在 24 小时内作出，进而为申请人提供及时的保护。

法官提醒：教育孩子是家长的职责，但在教育时应当注意方式方法。即使孩子处在叛逆期，难以管教，也不应当成为殴打孩子的理由。爱从来不应以暴力的形式表现，孩子要认识到父母以"爱"为名的家庭暴力行为是错误的，遭遇家暴时要及时向老师、学校、社区寻求帮助，必要时可以报警或向法院申请。

 **法治小黑板**

什么是家庭暴力？

根据《反家庭暴力法》的规定，家庭暴力是指家庭成员之间以殴打、捆绑、残害、限制人身自由以及经常性谩骂、恐吓等方式实施的身体、精神等侵害行为。实施家庭暴力的形式复杂且隐蔽，包括身体暴力、精神暴力、经济控制等。家庭暴力有时会以"爱"的名义出现，多以"为你好""教育孩子"等"道德外衣"做包装，这种家庭暴力隐蔽性强，有时造成的危害不逊于身体暴力。实施家庭暴力会使施暴者的情绪管理能力不断退化，施暴者最终将暴力作为解决问题的唯一手段；受暴者则在持续遭受"爱"与"伤害"的矛盾冲击中，产生自我怀疑和认知失调，甚至将暴力误认为关心的特殊形式，影响其身心健康，形成"依赖—被控制"的恶性循环，逐渐丧失独立生活能力。长期、多发的家庭暴力行为会异化婚姻家庭关系，受暴者因心理问题可能会成为新的施暴者，从而让暴力教育模式代际传递，影响社会风气。

家庭暴力实施者会承担哪些法律后果？

根据家庭暴力严重程度的不同，施暴者会承担不同的法律后果：

民事责任：根据《反家庭暴力法》第 23 条规定，受害者可向法院申请人身安全保护令，禁止施暴者接触或骚扰。《民法典》第 36 条规定，监护人实施严重损害被监护人身心健康行为的，法院可依法撤销施暴方监护资格，按照最有利于被监护人的原则依法指定其他监护人。

行政责任：根据《反家庭暴力法》第 16 条、《治安管理处罚法》第 43 条规定，公安机关可对施暴者予以批评教育、出具告诫书；构成违反治安管理行为的，处拘留或罚款。

刑事责任：根据《刑法》第 260 条规定，虐待家庭成员，情节恶劣的，处二年以下有期徒刑、拘役或者管制。致使被害人重伤、死亡的，处二年以上七年以下有期徒刑。

此外，《反家庭暴力法》规定，学校、医疗机构等组织负有强制报告义务，未履行者将会被依法追责。

 **锦囊妙方**

面对家庭暴力，我们能做什么？

青少年：识别家暴，保护自己。如果父母或监护人实施家庭暴力行为，青少年应当明确认识到亲缘关系不能成为容忍暴力的理由，这不是"爱"。青少年遭受家庭暴力时，首要任务是确保自身安全，应立即脱离危险环境，向邻居求助或者跑到公共场所；若身体受到伤害，需及时就医并向医生说明真实原因，在保证安全的前提下通过拍照等方式固定证据。及时向学校、居（村）委会或妇联等组织求助，必要时可报警或向法院提起诉讼，相关机构将依法介入并提供必要帮助。

家长：转变观念，理性教育。家长应树立正确的教育观念，摒弃"棍棒教育"等错误观念，通过倾听、共情和鼓励等方式教育孩子。尊重孩子的个性和权利，鼓励孩子表达自身需求，父母和子女之间建立平等的对话桥梁，避免因教育方式不当或情感忽视引发家庭暴力。家长应加强自我情绪管理，学习情绪管理技巧，必要时寻求心理咨询等专业支持。对子女成长保持合理预期，防止因自身心理压力或过高期望导致暴力行为发生。

学校：预防为主，积极干预。学校应注重对学生自我保护意识和能力的培养。将反家庭暴力教育纳入课程体系，通过课堂教学和专题讲座等形式，向学生普及家庭暴力的表现形式和危害，培养学生的批判性思维，破除"暴力合理化"的错误认知和"清官难断家务事"的传统观念。建立早期干预机制，通过建立心理健康档案、配备专业辅导人员、完善家校沟通渠道等方式，及时发现和处理家暴问题。学校工作人员发现未成年人遭受或疑似遭受家庭暴力的，必须依法履行强制报告义务，及时向公安机关、民政部门及教育主管部门报告有关情况。

 法条链接

《中华人民共和国反家庭暴力法》

第二条　本法所称家庭暴力，是指家庭成员之间以

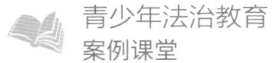
殴打、捆绑、残害、限制人身自由以及经常性谩骂、恐吓等方式实施的身体、精神等侵害行为。

第三条 家庭成员之间应当互相帮助，互相关爱，和睦相处，履行家庭义务。

反家庭暴力是国家、社会和每个家庭的共同责任。

国家禁止任何形式的家庭暴力。

第三十三条 加害人实施家庭暴力，构成违反治安管理行为的，依法给予治安管理处罚；构成犯罪的，依法追究刑事责任。

（本案例素材由上海市徐汇区人民法院提供）

13. 妈妈可以让我在家自学吗？

 案例故事

秋天的一个清晨，三年级教室的晨读声准时响起，而王大的座位却依然空荡荡的。班主任李老师第 23 次按下重拨键，听到手机里"您拨打的电话暂时无人接听"，无奈地摇头叹气。这个月王大已经迟到 17 次，有时甚至缺勤一整天。当电话终于接通时，"王大妈妈，您家孩子需要……"李老师还没说完，王大的妈妈赵某却急匆匆打断："我们在家自学呢，不用老师费心了。"这到底是怎么回事？

王某、赵某婚后生育大儿子王大、小儿子王二。后双方协议离婚，

约定两个孩子均由母亲赵某抚养。王大上学期间经常迟到，李老师多次打电话给赵某，大多数时间电话都是无人接听，偶尔接通电话，赵某说她在家里自己教王大学习，给王大安排了更个性化的学习方式。2017年12月以后，王大再未到校参加学习。

弟弟王二2019年9月开始在某小学就读，一开始他还挺喜欢学校的，可是到了11月中旬赵某就不让王二到学校学习，在家自己教。2020年3月至5月底，学校安排的网课王二也均未参加，之后王二断断续续到校学习。2021年4月下旬，赵某再次让王二待在家中，王二没有再回到他喜欢的学校。

父亲王某遂向法院起诉，要求王大、王二均由自己直接抚养。

法院审理认为，王大及王二的身心发育还不够健全，对事物的认知以及对事态的判断还不够完善，心智尚未完全成熟，思想、言行易被成年人影响，特别是被一直共同生活的母亲所影响，长此以往会产生厌倦义务教育和学校生活的情绪，弱化自身的社会交往能力。王大及王二长久脱离学校生活，对其身心健康及学习极为不利，对他们今后的成长、正常升学及心理健康都会造成不同程度的影响。所以从保障王大及王二今后的受教育权利、健康成长的角度出发，结合王某、赵某各自的生活经济条件及两个孩子的个人意愿，法院支持了王某变更抚养关系的请求。审理中，基于王大、王二的辍学情况，法院制发了家庭教育指导令，向父母王某、赵某开展了家庭教育指导，督促父母尽快安排孩子正常入学，接受学校教育。

我们一起来思考

1. 妈妈的行为是否侵害了王大、王二的受教育权？

2. 妈妈不让王大、王二到校参加学习，会给王大、王二带来什么影响？妈妈又会承担什么法律责任呢？

3. 如果你是王大或者王二，在父母让你在家自学的情况下，你会怎么做呢？

 法官说法

王大和王二的母亲未依法履行让两个孩子到校接受九年制义务教育的义务，侵害了未成年人的受教育权。后法院结合父亲诉求、孩子的意愿、孩子的身心发展需要，将两个孩子的抚养权变更给父亲王某，并制发了家庭教育指导令，督促父母尽快安排王大、王二正常入学，让孩子回归正常的学习生活。那么，像案例中王大、王二的妈妈这样侵害未成年人的受教育权，应承担哪些法律后果呢？一起来看——

《义务教育法》与《未成年人保护法》明确规定，未成年人的父母或其他监护人必须保障适龄未成年人依法接受并完成义务教育。若父母无正当理由拒绝履行该义务，当地乡镇政府或县级教育行政部门可对监护人进行批评教育，并责令限期送孩子返校。若经多次劝告仍不改正，相关部门可采取罚款、纳入失信名单或者拘留等强制措施。

监护人不履行教育职责且情节严重，如长期剥夺孩子受教育权，经教育不改，拒不安排适龄未成年子女入学，严重侵害未成年人的受教育权和发展权的，法院可依申请撤销其监护资格，并指定其他监护人。

若监护人采取非法限制人身自由等极端手段阻碍子女就学，可能触犯《刑法》中的非法拘禁罪，非法拘禁超过24小时或伴随暴力行为的，可能面临有期徒刑等刑罚。

任何人有胁迫或者诱骗义务教育阶段的适龄儿童、少年失学、辍学的；非法招用义务教育阶段的适龄儿童、少年的；出版未经依法审定的教科书的，会面临行政处罚。

法官提醒：父母作为未成年人的监护人，应当依法行使监护权，切实维护未成年人合法权益，确保子女在学校接受义务教育，否则将承担相应法律责任。若父母采取让孩子在家自学、送孩子至非正规机构学习等方式对孩子进行教育，子女亦可向当地社区居委会、村委会或教育部门反映情况，寻求帮助。

 **法治小黑板**

未成年人受教育权包括哪些内容？

未成年人受教育权是法律赋予其接受教育的基本权利，主要包括以下内容。

一是平等接受教育权。任何未成年人（包括残疾儿童、流动儿童等）均享有平等的受教育权，禁止因性别、民族、户籍、经济状况等受到歧视。

二是接受义务教育权利。国家实行九年义务教育制度。义务教育是国家统一实施的所有适龄儿童、少年必须接受的教育，是国家必须予以保障的公益性事业，包括小学和初中两个阶段。凡年满 6 周岁的儿童，其父母或者其他法定监护人应当送其入学接受并完成义务教育；条件不具备的地区的儿童，可以推迟到 7 周岁。实施义务教育，不收学费、杂费，贫困学生可申请生活补

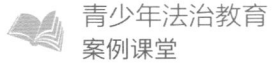
助。地方政府须合理规划学校，保障就近入学。

三是特殊群体保障。普通学校需提供融合教育，或通过特殊教育学校保障残疾儿童受教育权。父母在非户籍地工作的，当地政府须安排流动儿童到公办学校入学。乡镇政府、学校需建立关爱留守儿童的相关机制，防止辍学。

四是禁止剥夺受教育权。义务教育阶段学校原则上不得以开除、劝退、停课等方式剥夺学生受教育权。禁止雇用未满 16 周岁童工，保障未成年人完成义务教育。

如何保障未成年人的受教育权？

各级人民政府及其有关部门应依法履行职责，保障适龄儿童、少年接受义务教育的权利。适龄儿童、少年的父母或者其他法定监护人应确保其按时入学接受并完成义务教育。依法实施义务教育的学校应当按照规定标准完成教育教学任务，保证教育质量。社会组织及个人应当为适龄儿童、少年接受义务教育创造良好的环境。可见，我们国家从政府、社会、学校及家庭等各方面对未成年人接受义务教育实行制度保障。

受教育权被侵害有哪些危害？

当受教育权被侵害时，可能会引发一系列连锁反应，其危害往往具有隐蔽性、长期性和扩散性特征。

对个人而言，脱离校园环境的青少年社交圈层急剧收缩，容易产生社交恐惧，不仅难以建立健康的人际关系，也更容易受到不良思潮侵蚀，产生错误的价值观，参与网络赌博、诈骗、加入极端组织以及从事违法犯罪活动的概率显著增高。基础教育缺失将制约其知识技能的获取，限制职业发展空间，影响个人理想实现，并可能导致成年后收入水平低下、社会评价较低，进而引发自卑、焦虑等心理问题。

对国家和社会而言，教育匮乏将削弱国家科技创新能力和国际竞争力，制约长远发展。教育匮乏还可能加剧社会阶层固化，扩大贫富差距，激化社会矛盾，导致犯罪率上升，影响社会稳定。同时，教育缺位还会造成公民道德素养滑坡，削弱社会文明根基，降低整体社会文明程度。

 **锦囊妙方**

保障未成年人受教育权应该怎么做？

青少年：依法入学，勇敢维权。作为受教育权的权利主体，未成年人应树立正确的权利意识，明确自身享有接受教育的法定权利。积极参与学校法治教育活动，认真学习《义务教育法》《未成年人保护法》等法律法规，了解受教育权的内涵及保护措施，学会识别侵权行为。如遇强制辍学等，应及时向班主任、校长、家中的其他长辈反映情况；拨打 12355 青少年服务热线，通过国家教育督导信息化平台等渠道向教育行政部门举报；向村（居）委会求助或寻求法律援助，同时保存相关证据。接受义务教育既是权利也是义务，适龄未成年人不得无故辍学、长期旷课或拒绝完成学业。

家长：依法履职，支持教育。家长作为监护人，应切实履行保障子女受教育权的责任，须确保适龄子女按时入学并完成义务教育，不因任何原因让孩子辍学。经济困难家庭可申请"三免两补"（免学费、住宿费、书本费，补营养费、交通费）、申请国家助学金和地方教育补贴。同时，家长要给予孩子充分的支持和鼓励，帮助孩子树立学习信心，培养良好的学习习惯，为孩子的成长创造良好的家庭环境。家长还要密切关注孩子的学习状况和心理健康，与孩子保持良好的沟通。若孩子厌学，应及时联系学校心理教师，勿用"考不好就别读书"等语言暴力。如果发现学校存在不合理退学、教师歧视等情形，家长应积极与学校沟通；协商未果的，可向教育行政部门投诉或依法维权。

学校：加强预防，主动干预。学校应建立健全防辍学机制，包括与家长签订义务教育责任书，建立辍学风险评估档案，重点关注单亲、留守、贫困等学生群体，实行"班主任＋法治副校长"双责任人制等。同时，应加强法治宣传教育，纠正"读书无用论"等错误观念。学校还须强化教师法治培训，严禁以劝退、转学等方式变相剥夺学生受教育权。此外，可联合社区、派出所等建立防辍学联盟，排查非法用工情况。发现学生无故缺勤的，应及时联系家长并上报教育主管部门，采取必要的干预措施。

 法条链接

《中华人民共和国义务教育法》

第二条　国家实行九年义务教育制度。

义务教育是国家统一实施的所有适龄儿童、少年必须接受的教育，是国家必须予以保障的公益性事业。

实施义务教育，不收学费、杂费。

国家建立义务教育经费保障机制，保证义务教育制度实施。

第五十八条　适龄儿童、少年的父母或者其他法定监护人无正当理由未依照本法规定送适龄儿童、少年入

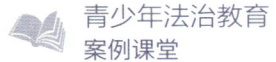
学接受义务教育的，由当地乡镇人民政府或者县级人民政府教育行政部门给予批评教育，责令限期改正。

《中华人民共和国未成年人保护法》

第十六条 未成年人的父母或者其他监护人应当履行下列监护职责：

......

（五）尊重未成年人受教育的权利，保障适龄未成年人依法接受并完成义务教育；

......

（本案例素材由上海市第一中级人民法院提供）

14. 父亲去世留下
巨额债务 我该怎么办？

 案例故事

一个阴霾天的午后，李某正在家中收拾丈夫的遗物。李某的丈夫张某因病去世，留下了她和 9 岁的儿子小张。这时，门铃响了，李某开门接到的竟是法院传票。原来是张某的债权人金某等 11 名原告将李某、小张和张某的父母告上了法庭，要求他们用张某的遗产归还债务。

法庭上，金某拿出了借款合同、转账凭证、收条等证据，说："一年前，张某以工程项目资金周转困难为由向我借款 200 万元，约定一个月后归

还。但是债务到期后，他只还了 15 万元。"其他债权人也纷纷拿出各自的证据。李某这才知道，丈夫的债务总额竟然高达 1500 多万元。然而，张某名下除了一套房产之外，已经没有其他财产了。这套房子是张某生前的个人财产，市场价大约在 1400 万元，全部拿去抵债都不够。

李某难以承受接连而来的噩耗，哭了起来："如果把房子拿去抵债，那我和儿子就没地方住了。儿子现在还小，我的收入也不高，还有可能失业，以后的日子怎么过啊？我可以不要遗产，但要给儿子留点生活费。"张某的父母也表示愿意放弃继承张某的遗产，但是小张是未成年人，缺乏劳动能力，因此要求为小张保留必要的遗产份额。

法院审理认为，小张尚未成年，母亲李某的收入不高，从最有利于未成年人原则出发，应当在张某的遗产范围内为小张保留必要的遗产份额作为生活保障。最后法院判决为小张保留遗产份额 16 万元后，张某的剩余遗产用于归还其生前债务。金某和其他债权人对小张深表同情，表示同意并尊重法院的判决。

我们一起来思考

1.父母去世留下巨额债务，子女需要继续偿还吗？

2.遗产不足以抵偿债务，未成年子女还能继承吗？

3.法院为什么要为小张保留必要的遗产份额？

 法官说法

生活中难免会发生不幸的事情。家中顶梁柱离世，家庭缺失了大部分收入来源，而死者遗留的财产还要全部拿去抵债，原本依靠死者生活的家人就将面临生活的窘境。正如上述案例，张某去世，他唯一的房产抵债后，李某母子将无房居住，只能租房。家庭收入急剧下降，而生活成本却陡然增加，李某每月收入不高，还面临着失业风险，难以保障小张的生活。为了保障法定继承人的基本生存权利，我国《民法典》规定了遗产必留份制度。

那么，遗产必留份制度是什么呢？

根据《民法典》规定，遗产必留份制度就是在分割遗产的过程中，应当为缺乏劳动能力又没有生活来源的继承人保留必要的遗产。上述案例中，张某去世时，尚有大量未清偿的债务，根据《民法典》第1159条的规定，被继承人的遗产应当清偿其所欠债务，张某的遗产应当清偿他欠下的1500多万元的债务。但张某仅遗留一套房产，不足以清偿所有债务。倘若遗产全部用于偿债，小张将无法继承。然而，小张作为张某的法定继承人，尚未成年，没有劳动能力也没有收入来源。张某去世后，小张只能依靠母亲李某生活。而李某收入水平一般且不稳定，家中唯一房产抵债后，母子二人无房居住，李某还要负担租房费用，经济状况堪忧。如此情境下，小张未来的基本生活可能得不到保障。所以，在分割张某遗产的过程中，固然应当清偿债务，但也要为小张保留必要的遗产。未成年子女的遗产必留份数额可以综合当地城镇常住居民人均消费水平、未成年子女必要开支、未成年子女年龄、抚养人收入水平等因素予以确定。上述案例中，法院综合考虑小张的实际情况，酌定为其保留16万元遗产。

法官提醒：关心关爱未成年人健康成长，是全社会共同的责任。在未成年人的父母一方死亡，另一方收入不足以负担未成年人的未来生活费用时，被继承人遗产清偿债务时应当为未成年人保留必要的遗产份额。

 **法治小黑板**

"父债子还"有法律依据吗?

根据我国法律规定,父母与子女是独立的民事主体,原则上仅需对各自债务承担清偿责任,特殊情形下,如未成年子女无财产时,其债务应由父母代为清偿。当父母一方死亡且遗留未清偿债务时,继承其遗产的子女需在遗产实际价值范围内承担清偿责任。根据《民法典》第 1161 条的规定,继承人以所得遗产实际价值为限清偿被继承人依法应当缴纳的税款和债务。超过继承遗产实际价值的部分,子女是不需要承担债务清偿责任的。不过,如果子女自愿为父母偿还,也是可以的。当然若子女明确放弃继承权,则无须承担被继承人的债务清偿责任。

哪些情况下应当保留必要的遗产?

根据《民法典》的规定,在清偿被继承人债务时以及订立遗嘱的情形下,均应当为缺乏劳动能力且无生活来源的继承人保留必要的遗产份额。

我国继承制度主要包含法定继承与遗嘱继承两种形式。法定继承是指继承人的范围由法律规定,法定继承人按顺序继承被继承人遗产的制度。遗嘱继承是指被继承人在生前通过订立遗嘱的方式，确定其死亡后遗留的财产由谁继承的制度。如果被继承人在订立遗嘱时，没有给缺乏劳动能力又没有生活来源的法定继承人保留遗产，那么将影响这类法定继承人的生存利益。因此，《民法典》第 1141 条明确规定，遗嘱应当为缺乏劳动能力又没有生活来源的继承人保留必要的遗产。

法定继承人的范围有哪些？

遗产必留份制度是为法定继承人设置的权益保障制度。那么，法定继承人的范围有哪些？法定继承人是法律规定的继承人。根据《民法典》的规定，法定继承人分第一顺序法定继承人和第二顺序法定继承人。第一顺序法定继承人有配偶、子女和父母。其中，子女包括婚生子女、非婚生子女、形成了收养关系的养子女和形成了扶养关系的继子女。相应的，父母包括生父母、形成了收养关系的养父母和形成了扶养关系的继父母。第二顺序法定继承人有兄弟姐妹、祖父母、外祖父母。其中，兄弟姐妹包括同父母的兄弟姐妹、同父异母或者同母异父的兄弟姐妹、形成了收养关系的养兄弟姐妹和形成了扶养关系的继兄弟姐妹。

被继承人死亡后，继承开始。继承首先由第一顺序法定继承人继承，第二顺序法定继承人不发生继承。当被继承人没有第一顺序的法定继承人时，第二顺序的法定继承人才可以继承。遗产必留份制度仅仅适用于发生继承的法定继承人之间。

 **锦囊妙方**

保护困境未成年人，我们能做些什么？

家长：为了保障未成年人的基本生存利益，父母应当注重家庭财富积累，例如储蓄子女教育基金、家庭应急资金、医疗保障资金等，提前做好规划，以对抗不虞之风险。同时应当建立风险防火墙，加强投资理财风险意识，谨慎对待高风险事项，避免家庭经济遭受重大损失。另外，对于未成年子女在成长过程中受赠的财产，父母应履行妥善管理义务，保护未成年子女的财产权益。

社会：社会各界应当共同构建未成年人保护体系，建立困境未成年人帮扶制度，设立困境未成年人救助基金，加强未成年人保护普法宣传。当未成年人法定监护人缺失或者丧失监护能力时，通过临时监护制度及时看护未成年人；当未成年人权益遭受侵害而无人为其发

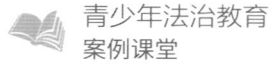
声时，适用儿童权益代表人制度等维护未成年人合法权益。

 法条链接

《中华人民共和国民法典》

第一千一百四十一条 遗嘱应当为缺乏劳动能力又没有生活来源的继承人保留必要的遗产份额。

第一千一百五十九条 分割遗产，应当清偿被继承人依法应当缴纳的税款和债务；但是，应当为缺乏劳动能力又没有生活来源的继承人保留必要的遗产。

第一千一百六十一条 继承人以所得遗产实际价值为限清偿被继承人依法应当缴纳的税款和债务。超过遗产实际价值部分，继承人自愿偿还的不在此限。

继承人放弃继承的，对被继承人依法应当缴纳的税款和债务可以不负清偿责任。

（本案例素材由上海市静安区人民法院提供）

15. 祖父母可以行使探望权吗?

 案例故事

"我们的儿子……没了,现在只想看看孙女,这……这要求过分吗?"法庭上,原告席上的王爷爷和王奶奶声音颤抖,被告席上二老的儿媳李女士态度决绝:"隔代亲只是道德问题,祖辈探望孙辈没有法律依据。"原本和睦的三代同堂之家,为何会因探望权对簿公堂?

李女士和王先生婚后生了女儿小美,因夫妇俩工作繁忙,王先生便请父母同住,便于协助抚养小美。自此,一家三代五口人在同一屋檐下共同生活,王爷爷、王奶奶同孙女小美的感情变得深厚。

然而，小美 8 岁时，王先生因病离世。随后，李女士与王爷爷、王奶奶因王先生名下的多个遗产分割问题争执不断，王爷爷和王奶奶也无奈地从住了 8 年的家中搬走。搬走后，王爷爷、王奶奶总是想念孙女，想回来看看小美，却多次遭到李女士的拒绝。二老曾连续三个月每周五到小美学校门口等待，想趁放学的机会见上孙女一面，但孩子总被李女士提前接走。因思念孙女心切，多次沟通无果后，二老将儿媳告上法庭。

法院审理认为，虽然法律没有明确规定，但祖辈在特殊情形下需要对孙辈行使探望权，孙辈也需要通过被祖辈探望得到他们的关心和陪伴。本质而言，这是有利于未成年人成长的一种情感需求。当然，探望权的行使同时也要兼顾直接抚养人的监护权利。后经多次庭外协商，法院最终促成双方达成调解，王爷爷、王奶奶可定期探望小美，还一并约定了探望的频次、时长、方式等内容。

我们一起来思考

1. 小美的母亲李女士有权拒绝小美祖父母的探望请求吗？

2. 你觉得李女士拒绝王爷爷、王奶奶探望小美的原因是什么？

3. 你认为哪些人应享有探望权？

法官说法

8岁女孩小美自幼由祖父母协助抚养，其父病逝后，母亲李女士因继承纠纷拒绝祖父母探望小美，坚持"隔代亲只是道德问题"而并非法律明文规定的权利。

那么李女士的说法是否正确呢？一起来看——

《民法典》明确规定的探望权，一般是父母离婚后，不与未成年子女共同生活的父或母一方所享有的权利。祖父母和外祖父母并非明确享有探望权的主体，但也没有被明确地排除。处理涉及未成年人事项，应当坚持最有利于未成年人的原则，所以，法院在审理具体案件时，可以根据这一原则作出最符合具体案件情况、实现涉案未成年人利益最大化的处理结果。本案中，法院支持王爷爷、王奶奶探望小美的原因是：（1）王爷爷、王奶奶曾与小美长期共同生活，并协助抚养小美，祖孙之间确有紧密的情感纽带，支持二老探望完全符合探望权制度的本质与目的；（2）王爷爷、王奶奶并无法律规定的应中止探望的情形，且小美因丧父很可能有心理创伤，维系祖孙间的情感纽带对于小美走出这一创伤只有益处，并无坏处；（3）我国传统文化重亲情、重家庭，儿孙绕膝乃天伦之乐，而"隔代亲"又有着特殊的意义，支持爷爷奶奶探望小美，完全符合我国传统文化，

在情感上也更能为人们所接受。

法官提醒：最有利于未成年人的原则，不仅是法院审理涉未成年人案件时应当遵循的基本准则，也是家庭在处理未成年人相关事务时应当遵循的重要标准。探望权的行使对未成年人健康成长具有不可替代的价值，其意义远非金钱所能衡量。探望人、协助探望人应当严格遵循该原则，积极协商、相互配合，努力让经历家庭变故的未成年人感受到尽可能完整的关爱。

 **法治小黑板**

什么是探望权？

根据我国法律规定，探望权是指离婚后不直接抚养子女的父亲或母亲一方享有的与未成年子女联系、会面、交往、短期共同生活的权利。直接抚养子女的母亲或父亲一方对探望权人负有协助的义务。探望权的设立旨在保障未成年人即使在家庭结构变化后，仍能持续获得原生家庭成员的关爱，这对其身心健康发展至关重要，同时也能满足父或母一方对子女的情感需求。也正因为这一目的，部分国家的法律将探望权主体扩展至祖父母、兄弟姐妹等近亲属。而隔代探望权便是指祖父母、外祖父母在特定情形下，可探望孙子女、外孙子女的权利。目前我国法律对隔代探望尚无明文规定，但司法实践中通常在以下情形予以支持：

1.被探望人父母一方死亡或丧失监护能力（如上述案例中小美的父亲去世）；

2.祖辈曾长期实际抚养孙辈（如爷爷奶奶与小美共同生活8年）；

3.断绝联系将严重影响未成年人心理健康（如小美丧父后需要祖辈情感支持）。

探望可以被拒绝吗？

拒绝探望在法律上叫"中止探望"。如果探望不利于未成年子女的身心健康，原本协助探望的一方可以向法院请求中止探望。待中止事由消除后，探望权人可再申请恢复探望。中止探望的情况一般包括探望权人患有影响子女身体健康的疾病，或探望权人有赌博、吸毒等恶习，或探望权人教唆、引诱子女实施违法、犯罪行为等。

如果探望权人并不存在中止探望的情形，协助探望人无正当理由拒绝探望的，则构成对探望权的侵害，探望权人可向人民法院要求强制执行以保障其合法的探望权利。

 **锦囊妙方**

正确行使探望权，应该怎么做？

探望权人：探望权人在每次探望前一般都应向协助探望人发出探望请求，给协助探望人和孩子必要的准备时间，并主动询问孩子的身心状况，做好相应准备。探望的频次、时长、是否带离过夜等细节，除须与协助探望人协商一致外，还均应以孩子的身心状况为首要考量，并注意循序渐进。与协助探望人共同商定安全的探望环境。探望过程中，不向孩子表达对协助探望人的负面看法。如遇孩子身体、心理不适的，应立即结束此次探望，让孩子回到协助探望人身边。

协助探望人：与孩子共同生活的一方作为协助探望人，应与探望权人积极建立有助于孩子健康成长的"合作"关系，维护探望权人与孩子之间的亲情关系，不在孩子面前诋毁探望权人。每次探望开始前，及时主动地将孩子的生活学习等情况告知探望权人，便于探望权人了解孩子最新状况。约定探望的时间、地点后，无正当原因不要随意取消探望。探望时，为探望权人与孩子单独相处留出适当的时间、空间。当孩子因长期未接触探望权人而感到生疏时，协助探望人可适时介入，鼓励、引导孩子与探望权人交流、互动，帮助孩子与探望权人重建关系。除与探望权人商定探望时间、频次、地点外，也可根据孩子的身心需要主动联系探望权人进行探望。

学校、居（村）委会、基层妇联等：要发挥教育引导作用，帮助家庭成员正确看待探望；要搭建沟通平台，适时介入探望纠纷的调解，帮助探望权人与协助探望人基于最有利于未成年人原则达成合理的探望安排；要根据自身场地、条件，为探望权人、协助探望人提供合适的探望场所；要结合专业资源优势，为探望矛盾尖锐、探望过程不顺的家庭提供一定的专业力量支撑，使探望权人、协助探望人在建立彼此信任、处理亲子关系等问题上得到有益的指导。

 法条链接

《中华人民共和国民法典》

第一千零八十六条 离婚后，不直接抚养子女的父或者母，有探望子女的权利，另一方有协助的义务。

行使探望权利的方式、时间由当事人协议；协议不成的，由人民法院判决。

父或者母探望子女，不利于子女身心健康的，由人

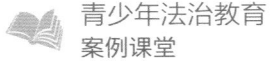

民法院依法中止探望；中止的事由消失后，应当恢复探望。

《中华人民共和国未成年人保护法》

第二十四条 未成年人的父母离婚时，应当妥善处理未成年子女的抚养、教育、探望、财产等事宜，听取有表达意愿能力未成年人的意见。不得以抢夺、藏匿未成年子女等方式争夺抚养权。

未成年人的父母离婚后，不直接抚养未成年子女的一方应当依照协议、人民法院判决或者调解确定的时间和方式，在不影响未成年人学习、生活的情况下探望未成年子女，直接抚养的一方应当配合，但被人民法院依法中止探望权的除外。

（本案例素材由上海市崇明区人民法院提供）

第四章

网络世界的"红绿灯"

未成年人是互联网的活跃参与者，但可能因为法律意识不足或自我保护意识不强，成为网络侵权和犯罪的潜在主体和受害对象。网络空间不是法外之地，本章选取六个真实案例，旨在帮助未成年人厘清网络行为边界，认清在虚拟网络与现实世界中须承担同样的法律责任，同时提醒未成年人防范网络风险，维护自身权益。

16. "免费游戏皮肤"
为什么不能要?

 案例故事

"加微信免费领'梦幻星辰'限定皮肤哦……"12岁的小可像往常一样刷着游戏主页,看到昵称为"姐姐"的玩家留言,瞬间眼前一亮。

"我是姐姐,你多大啦?"看到"姐姐"穿着绚烂的"梦幻星辰"皮肤,小可马上加了"姐姐"的微信。"经常在游戏社群里看到你,我这款皮肤裙摆像流动的繁星,特效可以直接把峡谷变成梦幻仙境,还可以和我的'水中君'皮肤梦幻联动,出现交汇

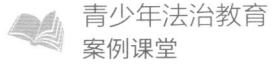
的星光轨迹呢！""姐姐"热情地跟小可介绍游戏皮肤的情况。

小可平时最喜欢收集游戏皮肤了，为了获得全满图鉴，小可已经拿出了全部的压岁钱，但是这款限定皮肤免费赠送，会不会有什么问题呢？小可还未来得及思考，"姐姐"马上说道："这款皮肤我也只有一个，已经有很多人来跟我要了，你的游戏等级跟我是一样的，等有了这款皮肤，我们可以当队友一起玩游戏，看看梦幻联动的效果怎么样！咱们是好朋友嘛！"小可感觉既能拿到限定皮肤，还能和"姐姐"一起打游戏，真的是太棒了，毫不犹豫地说："姐姐，快把二维码发给我吧。"

"姐姐"立刻发来领取皮肤的二维码，谁知扫描后弹出刺眼警告："检测到该账号涉嫌盗刷皮肤，需在 30 分钟内解封，否则账号将被封禁，罚款两万元，父母坐牢两年！"小可吓得六神无主，慌忙问"姐姐"该怎么办。

"别担心，肯定是你的手机打开了未成年人防沉迷模式，现在只要联系专门人员就可以解除的。""姐姐"让小可添加一位"哥哥"的微信。添加微信后，"哥哥"立马打来视频耐心教她如何操作：

第一步，找一部知道支付密码的家长手机。

第二步，找一个没人的房间，锁好门。

第三步，删除与姐姐的微信聊天记录。

第四步，进入支付红包页面，选择口令红包，点击支付。

……

就这样，小可按照"哥哥"的引导，将爸爸账户里的一万多元转出，在被告知需要刷脸才能继续支付时，小可发现自己被拉黑了，"姐姐"也销声匿迹。

原来，微信里的"哥哥"蔡某和"姐姐"洪某，均来自同一诈骗团伙，他们利用未成年人社会经验不足、辨别能力不强的弱点，诱骗未成年人提供个人信息并按指示转账，骗取了多名不满14周岁未成年人的财物。

法院审理认为，被告人蔡某、洪某以非法占有为目的，通过社交平台引流，寻找未成年被害人，以免费领取游戏皮肤为幌子，诱骗被害人利用其家长的网络账号转账10余万元。综上，法院以诈骗罪分别判处被告人蔡某、洪某有期徒刑并处罚金。

我们一起来思考

1. 当陌生人以赠送免费皮肤为由要求添加好友或扫描二维码时，你会怎么做？

2. 如果在网上和朋友交流时，对方要求"不要告诉父母"，你该怎么做？

3. 如果你遭遇网络诈骗了，应当采取哪些措施？

法官说法

故事中的小可，是一位"游戏皮肤"收藏达人，她因轻信网络上的"哥哥""姐姐"，忽视网络背后隐藏的风险，最终被骗取了大额财物。小可逐步陷入网络诈骗陷阱，主要基于以下原因。

首先，面对"免费赠送限定皮肤"的诱惑，小可一时放松了警惕。小可虽然之前有购买皮肤的经验，内心也对"免费赠送"产生了怀疑，但这些精美的限定皮肤如同闪闪发光的"宝藏"，令小可难以拒绝。于是，在犯罪分子的引诱下，小可还是掉进了"免费赠送"的陷阱。

其次，诈骗分子精心打造"贴心姐姐"人设，骗取未成年人信任。现实中他们还可能伪装成游戏官方客服、知名主播等受未成年人喜爱的身份，编造诸如"缴纳手续费""完成新手任务""想交个朋友"等借口，令小可这样的未成年人觉得，遇到了志同道合的"知己"。有时候，聊天中一句不经意的话语，就泄露了自己的姓名、住址等个人信息，给了诈骗分子可乘之机。

此外，作为一名未成年人，小可没有太多社会经验，诈骗分子会适时制造恐慌，编造错误操作导致账户冻结、资金受损，或者恶意盗刷皮肤要面临法律责任等谎言，令小可在慌乱下信以为真，最终被骗取了大量钱财。

法官提醒：网络诈骗陷阱无处不在。面对网络上"免费赠送"等"福利"，未成年人应提高警惕，可以向网络游戏官方平台核实信息是否真实，不要随意泄露个人信息，并与家长沟通，共同辨别上网过程中遇到的可疑情况。如果不小心受骗，未成年人应立即告知家长，及时保留聊天记录、转账凭证等证据，也可以第一时间寻求警察叔叔帮助。

 法治小黑板

青少年日常生活中，还会遇到哪些骗局？

不法分子利用青少年涉世未深、易轻信他人等特点，设置了各式各样的骗局。

宣传"轻松兼职，收益多多"的"刷单返利"兼职进行诈骗。诈骗分子利用青少年假期寻找兼职、赚取零花钱的心理，在网上发布"刷单返利""点赞赚钱"等虚假兼职信息，并承诺支付高额佣金。诈骗分子先安排青少年完成简单任务并支付小额报酬，获取青少年信任后，要求垫付资金、刷取大额单子后失联，导致刷单后无法退货退款。另一种手法是在未成年人求职过程中以培训费、体检费等名目收取费用，骗取钱款后就将对方拉黑。

以"好想和你做朋友"开启对话，在网络社交平台实施诈骗。诈骗分子伪装成同龄人或熟人身份，与未成年人建立情感联系，要求借钱或者编造其他理由让受害人转账，骗取钱款后消失。也有用"入群领福利"吸引未成年人加入群聊，诈骗分子又以领取红包"操作失败"为由，诱骗其使用家长手机绑定账户实施诈骗。

以"父母已涉嫌违法，你应配合调查""红十字会征集捐款"为由，冒充工作人员实施诈骗。不法分子伪造公安机关受案材料、证件等，冒充民警、红十字会工作人员，利用未成年人的恐惧心理和社会经验欠缺的特点，恐吓其不得告知家长，并通过视频、语音、共享屏幕等方式，一步步引导未成年人用父母手机支付钱款。

诈骗罪的构成条件及法律后果是什么？

已满16周岁的未成年人可以成为诈骗罪的主体。该罪主观方面要求行为人有非法占有目的。本案中犯罪分子表面承诺赠送游戏皮肤，实则意图非法占有小可父母钱财，因此符合这一要件。客观方面表现为虚构事实或隐瞒真相，本案中诈骗分子并无真实的免费游戏皮肤可以赠送，而是通过虚假承诺获取小可的信任，骗取钱财。被害人相信了诈骗分子虚构的事实，陷入错误认识，并将财产转给诈骗分子，自身受到财产损失。

诈骗是侵犯他人财产权利的行为，骗取的钱款需达到一定金额才构成犯罪，诈骗金额不同，那么判处的刑罚程度也不同。《刑法》第 266 条为诈骗罪设置了"数额较大""数额巨大""数额特别巨大"三个档次的法定刑，最高可以达到无期徒刑，并处没收财产。当前，网络诈骗的手段花样翻新，不仅迷惑性强、危害性大，也增加了人们的上网风险。请牢记，远离网络诈骗，保持警惕是关键。

 **锦囊妙方**

青少年如何提高抵御网络诈骗的能力？

多问一问为什么？ 在网络虚拟世界，即便是成年人也很难通过一两次聊天、一起玩几次游戏，获悉对方的真实身份，了解对方的真实意图。面对他人抛来的"免费福利"诱惑，一定不要轻信。本案中，小可已经感觉到免费皮肤可能有问题，但未能进一步查证。遇到这种情况，建议换位思考：如果自己拥有一款限量皮肤，价值不菲，通过正规渠道购买都很难获取，会把游戏皮肤免费送给陌生人吗？若没有任何益处，对方为什么要这么做？通过举一反三多思考，进一步识别网络诈骗中的风险。

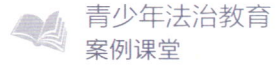

多查一查是什么？ 在网络平台上发现"免费赠送""大额返利"宣传时，应当通过官方渠道进行核实确认。平时多查询了解网络骗局的类型，提高防骗意识，遇到可疑情况时，可以通过权威信息平台查询或者与老师、父母交流，了解是否存在同类诈骗案例。

多想一想怎么办？ 无论如何编造理由，诈骗分子最终都会落脚到要求付款上，当对方以"认证""验证""激活""绑定""解冻"账户为名，要求点击链接、转移财物时，一律不予回应。注意保护个人信息，不随意提供身份证号、银行卡密码、短信验证码等敏感信息。当感到迷惑、恐惧或者发现自己已经被骗时，应立即告诉家长或者老师。这时候，成年人有着更充足的社会经验和法律知识，可以为未成年人提供更好的应对举措。本案中，如果小可在怀疑免费赠送福利有问题的时候就告诉父母，很可能就不会被骗。及时向他人求助，也是一种智慧，在你们的身后，家长和老师永远在守护。

 法条链接

《中华人民共和国刑法》

第二百六十六条 诈骗公私财物，数额较大的，处三年以下有期徒刑、拘役或者管制，并处或者单处罚金；数额巨大或者有其他严重情节的，处三年以上十年以下有期徒刑，并处罚金；数额特别巨大或者有其他特别严重情节的，处十年以上有期徒刑或者无期徒刑，并处罚金或者没收财产。本法另有规定的，依照规定。

《未成年人网络保护条例》

第二十五条　任何组织和个人不得向未成年人发送、推送或者诱骗、强迫未成年人接触含有危害或者可能影响未成年人身心健康内容的网络信息。

第二十九条　网络产品和服务提供者应当加强对用户发布信息的管理，采取有效措施防止制作、复制、发布、传播违反本条例第二十二条、第二十四条、第二十五条、第二十六条第一款、第二十七条规定的信息，发现违反上述条款规定的信息的，应当立即停止传输相关信息，采取删除、屏蔽、断开链接等处置措施，防止信息扩散，保存有关记录，向网信、公安等部门报告，并对制作、复制、发布、传播上述信息的用户采取警示、限制功能、暂停服务、关闭账号等处置措施。

······

（本案例素材由上海市青浦区人民法院提供）

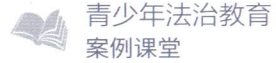

17. 辱骂他人遭封号
玩家平台谁有理？

案例故事

凌凌是"星界战火"军事对战游戏的头部玩家，自从 2018 年实名注册了游戏账号后，他已经充值了 12 万余元。

有一天，凌凌在对局中与小王因策略问题爆发了激烈争吵。凌凌气不过，于是将角色昵称改成了包含小王真实姓名的侮辱性言论。小王发觉后非常生气，就向游戏公司举报了凌凌的角色昵称。

游戏公司认为，凌凌通过修改角色昵称的

方式去辱骂他人的行为，是违背公序良俗和社会公德的，所以重置了凌凌的角色昵称并给他发送了警告邮件。凌凌却对此不屑一顾，当天又将角色昵称改了回去，游戏公司因凌凌不知悔改的行为，将他的账号永久封禁。

事情越闹越大，凌凌直接起诉了游戏公司，以账号被封和服务体验差为由，参考其充值金额，要求游戏公司赔偿损失 6 万元。案件受理后，游戏公司自行解除了凌凌账号的永久封禁，并告知凌凌，封禁期间他的游戏账号装备及金币并没有减少。游戏公司认为，依据与凌凌签订的《服务协议》，他们有权采取措施制止凌凌侮辱他人的错误行为，所以不应该赔偿。

法院经审理认为，凌凌在收到警告邮件并被重置角色昵称的情况下，仍沿用带有侮辱性质的词句作为角色昵称，其更名行为违规且具有故意性。最终判决驳回凌凌要求赔偿损失的诉讼请求。

我们一起来思考

1. 凌凌起了一个侮辱小王的游戏角色昵称，侵犯了小王的什么权利？

2. 游戏公司能否对凌凌的游戏账号采取处罚措施？

3. 如果游戏公司接到小王举报后未采取任何措施，需承担什么责任？

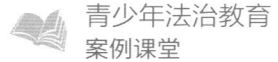
 **法官说法**

网络游戏参与者在游戏过程中，可能会因为游戏的竞技性、玩家素质参差不齐、不良网络文化等因素发生矛盾和冲突，但需明确网络言论表达同样存在法律边界，虚拟身份不能成为违法行为的保护伞。

名誉是对公民品德、声望、才能、信用等的社会评价，在网络空间仍应尊重他人的名誉权。虽然网络侮辱、谩骂等行为在表现形式上与线下侵权行为存在差异，但本质上都是对他人名誉权的侵害，应当承担相应法律责任。本案中，凌凌作为网络游戏用户，在网络公共空间使用对小王具有侮辱性的游戏昵称，会导致他人对小王的社会性评价降低，侵害了小王的名誉权。小王作为受害一方，有权要求游戏公司删除或屏蔽相关侵权内容。而游戏公司作为网络服务的提供者，发现了上述侵权行为，应当采取必要举措对侵权进行制止，否则应当对损害的扩大部分与直接侵权的玩家凌凌共同承担责任。

此外，凌凌在注册充值的时候，与游戏公司还签订过《服务协议》，约定了玩家应当文明参与网络游戏，游戏公司对于用户违规行为可采取相应处罚措施。所以游戏公司也有权根据双方合同约定，对凌凌的不当行为予以制止。

案例中，如何评价平台的封禁行为是否恰当？从封禁时间来看，封禁账号的时间较短，对于凌凌的游戏体验影响有限且难以直接具化为经济损失，即使损失存在，也没有超过与凌凌不当行为的故意性和危害性相匹配的合理承受范围。另外，封禁期间，凌凌游戏账号装备及金币并未减少，凌凌充值的金额也已陆续在游戏内消费并享受相应服务。综合上述因素，法院从法益平衡角度出发，认为平台的封禁行为是合适的，亦未对凌凌造成实际损失，因此驳回了凌凌的诉讼请求。

法官提醒： 网络空间不是法外之地，虚拟身份也不能免除违法责任，为一时发泄情绪、博眼球而在网络空间辱骂他人，属于侵害他人名誉权的行为，应当承担相应法律责任。未成年人在遭遇网络侵权时，应当及时通过截屏、录像等方式固定证据，先与对方沟通解决，并第一时间通知网络平台，要求删除侵权信息，必要时可向公安机关报案，依法维护自身权益。

 **法治小黑板**

藏在网络里的"隐形伤害"有哪些？

生活中常见的人格权包括姓名权、名誉权、荣誉

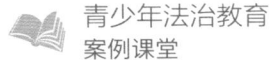
权、肖像权、隐私权，以及生命权、身体权、健康权等权利。网络环境中易受到侵害的人格权主要包括肖像权、名誉权和隐私权。

自然人依法享有肖像权。未经他人许可在网络上使用、公开他人肖像，侵犯了他人的肖像权。如，衣着时尚的凌凌被"街拍"，拍摄者如果擅自把照片发在推文里公开传播，以获取商业流量，就侵犯了凌凌的肖像权。

法律对名誉权的保护，涵盖品德、声望、才能及信用等方面。网络环境中的侮辱性言论、谩骂行为、诽谤性陈述以及故意散布不实信息等，均属于侵害名誉权的违法行为。

隐私权则保护自然人的私人生活安宁及不愿公开的私密信息。非法拍摄他人私密场所或身体部位、实施电话骚扰、泄露健康信息等行为均构成侵犯隐私权。网络上侵犯隐私权的行为主要包括在网络上擅自公开他人的身份证号、手机号码等个人信息，实施"人肉搜索"，传播私密视频或发送垃圾邮件等行为。

未成年人在使用网络时，既要维护自身合法权益，也应当注意自己行使权利的边界，不侵犯他人合法权益。

"避风港原则"和"红旗原则"如何保护合法权益?

这两个原则都是用于规制网络服务提供者的侵权责任,我们平时所熟知的网络游戏平台、网络社交平台、网络知识问答社区等都属于网络服务提供者。《民法典》第 1194 条规定,网络用户、网络服务提供者利用网络侵害他人民事权益的,应当承担侵权责任。那网络平台在什么情况下需要承担责任呢?

一般而言,对网络平台归责遵循"避风港原则",其核心要义可概括为"通知 + 移除"规则。当网络用户在网络游戏、网络社交平台等虚拟空间受到名誉权或隐私权侵害时,受害人有权将上述情况通知网络平台。网络平台在接到发生侵权行为的通知后,如果及时将该通知转送相关网络用户,并根据构成侵权的初步证据和服务类型采取删除、屏蔽、断开链接等必要措施制止侵权行为,则可免除责任;反之,若未及时采取合理措施,则需对损害的扩大部分与直接侵权的网络用户承担连带责任。

"红旗原则"是对"避风港原则"的补充,也就是说网络平台虽然没有收到权利人发出的权利受损通知,但是如果网络平台上的侵权现象已经像"红旗"一样显而易见,基于该侵权内容的显著性和传播度,应推定平台

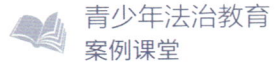
已明知或应知侵权事实的存在，比如有较高网络热度且含有侮辱他人内容的帖子在网络平台上传播时，网络平台应当知晓该侵权事实，也应当采取必要措施制止侵权行为，否则也应承担相应侵权责任。

 **锦囊妙方**

青少年如何规范网络言行？

同学们在网上冲浪的过程中，或许会因为观点、视角的不同，想和他人"一争高下"；发现别人进行言语攻击，有"骂回去"的冲动；看到有"标题党"发出关于自己偶像的帖子，很想第一时间点击阅览，加入讨论辱骂回击，并分享给朋友让朋友加入自己的"阵营"。而上述行为可能会侵害到他人的权利，承担相应法律责任。网络世界里最常见的是对他人名誉权、隐私权的侵害，同学们应谨慎对待，绝不参与。

遇到"网络骂战"果断远离，不当"键盘侠"。 如果在网络平台上遇到"网络互撕""饭圈骂战"等侵害他人名誉权、扰乱网络秩序的行为，应当果断远离。不少狂热粉丝为了支持偶像，恶意贬低偶像对手，通过肆意散布谣言、煽动粉丝情绪等手段，在网上与对方粉丝互相谩骂、拉扯，还会对表示质疑的留言者展开人肉搜索。这些行为包含对他人的品德、声望、才能等社会评价的矮化降低，侵犯了他人名誉权。对他人的侮辱、诽谤行为情节严重的，还可能构成侮辱罪、诽谤罪，需承担相应刑事责任。

发现"人肉搜索"绝不参与，不做"网暴者"。 部分不法分子为发泄自己对他人的不满而"开盒挂人"，即非法获取并在网络上公开他人的姓名、身份证号、住址、手机号等个人信息或者私密视频等隐私，引来网民的攻击谩骂，甚至支付"开盒费"扩散他人隐私信息。这一行为严重侵犯了他人的隐私权。受害人短时间内可能会被大量垃圾电话、短信轰炸，隐私被曝光，承受巨大精神压力。你的参与可能会成为压倒被害人的"最后一根稻草"，导致被害人出现抑郁、自残等严重后果。非法获取、公开他人个人信息，应承担民事侵权责任，公开他人隐私可能受到行政拘留、罚款的处罚，情节严重的，还涉嫌构成侵犯公民个人信息罪。

面对"观点分歧"坦然面对，不做"易怒君"。 网络空间包含着多元主体及多元价值，青少年应以包容、平和的心态看待网络言论，不应秉持"非黑即白"的对立观念，将不同观点、喜好的持有者视为敌对方，盲目宣泄情绪。部分"骂战"带有吸引流量、商业营利属性，

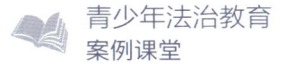
青少年应关注自身成长，主动远离辱骂、暴力、色情、谣言等不良信息，而不是把偶像、粉丝圈、应援活动作为自己的精神支柱，以免成为幕后操纵者吸引流量的工具。

 法条链接

《中华人民共和国民法典》

第一千零二十四条 民事主体享有名誉权。任何组织或者个人不得以侮辱、诽谤等方式侵害他人的名誉权。

名誉是对民事主体的品德、声望、才能、信用等的社会评价。

第一千一百九十四条 网络用户、网络服务提供者利用网络侵害他人民事权益的，应当承担侵权责任。法律另有规定的，依照其规定。

第一千一百九十五条 网络用户利用网络服务实施侵权行为的，权利人有权通知网络服务提供者采取删除、屏蔽、断开链接等必要措施。通知应当包括构成侵权的初步证据及权利人的真实身份信息。

网络服务提供者接到通知后，应当及时将该通知转送相关网络用户，并根据构成侵权的初步证据和服务类型采取必要措施；未及时采取必要措施的，对损害的扩大部分与该网络用户承担连带责任。

权利人因错误通知造成网络用户或者网络服务提供者损害的，应当承担侵权责任。法律另有规定的，依照其规定。

（本案例素材由上海市嘉定区人民法院提供）

18. "网络奇才"的盗窃之路

 案例故事

明亮的教室里，17 岁的小张正埋头做着模拟试卷。作为重点高中的尖子生，在老师和同学眼里，他是个数学天才，能轻松解开别人挠破头也做不出的难题。

一次偶然的机会，小张在游戏论坛结识了一群"网络技术达人"。论坛里充

斥着利用软件漏洞的教程，看着那些"大神"分享的"抓包神器"使用经验，他既兴奋又好奇。某天，QQ 好友赵某神秘兮兮地发来消息："兄弟，发现一个金融平台的漏洞！"在赵某的指导下，小张学会了用软件截取数据包，甚至破译平台用

户加密信息，进入到在平台充值的用户账户中，修改账户充值金额，再向平台申请退回差额部分。这个发现让小张内心挣扎。一方面，他深知这是违法的；可另一方面，账户里的数字仿佛在向他招手："有了这笔钱，家里的经济压力就没那么重了！"

最终，小张熟练地敲击键盘，短短几分钟，五万余元就转入了他的账户。然而，这份惊喜很快变成了噩梦。金融平台迅速察觉异常并报警，小张还没来得及享受成功的喜悦，就被警察带走了。面对审讯，他懊悔不已，如实交代了全部经过，并退还了赃款。

法院审理认为，被告人小张以非法占有为目的，通过修改计算机信息系统数据、虚假充值的方法盗窃公私财物，数额巨大，已构成盗窃罪，对其判处有期徒刑十个月，并处罚金。

面对一时贪念造成的后果，小张悔恨不已。小张出狱后，法院对他进行了回访，并向其送达了《未成年人犯罪记录封存告知书》，鼓励他以此次事件为戒，不要走错路，现在仍可以重新出发，追逐自己的人生梦想。之后，小张回到原籍继续求学，复读一年后成功考上大学，并在大学四年期间担任了校学生会主席，还被评为省优秀学生干部。

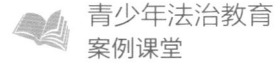
我们一起来思考

1. 小张利用平台漏洞转钱的行为构成盗窃罪吗？
2. 金融平台有漏洞能减轻小张的责任吗？
3. 违法犯罪的标签是否会跟随未成年人一辈子？

 法官说法

本案中，小张通过技术手段使用"抓包软件"非法修改金融平台用户的账户余额，继而向金融平台申请退还修改前后的差额部分，最终导致金融平台遭受实际经济损失。该行为从刑法定性上是以非法占有为目的的秘密窃取行为，符合《刑法》第264条盗窃罪的构成要件。

在处理未成年人犯罪案件中，司法机关始终坚持宽严相济刑事政策，平台的技术漏洞并不能成为减轻小张刑事责任的理由。《刑法》对于量刑情节有明确法律规定。本案中，小张犯罪时已满16周岁，依法应当承担刑事责任，但也考虑到未成年人身心发育的特殊性和教育挽救的可能性，依据《刑法》第17条，对其应当从轻或者减轻处罚。此外，小张退还赃款、如实供述的情节，体现了他真诚悔罪的态度，法院在量刑时予以酌情考虑。

为了避免未成年人因一次错误就被贴上"坏孩子"

的标签，法律给了未成年人一次重新出发的机会。《刑事诉讼法》《未成年人保护法》《预防未成年人犯罪法》都规定了未成年人犯罪记录封存制度，只要犯罪时未满 18 周岁且被判处五年以下有期徒刑的，这段曾经的犯罪经历都会被放进专属的"记忆保险箱"里。小张就是最鲜活的例子，他回归学校，用成绩和在校表现证明了"只要愿意悔改，法律会保护你的未来"。

法官提醒：青春路上，任何"捷径"都可能通向深渊。网络时代的青少年，既要掌握技术的"钥匙"，更要心怀法律的"戒尺"。唯有将才华用在正道上，才能在未来的人生答卷上写下真正的"高分"。当面临困境时，未成年人应当主动寻求家长、学校、社会组织的帮助，通过正当渠道解决问题，谨防被不法分子利用，实施违法犯罪行为。

 **法治小黑板**

小心！这些网上"顺手牵羊"行为算盗窃！

现实中偷偷拿别人的东西是盗窃，网上也有类似的"电子小偷"哦！什么是网络盗窃呢？简单来说，就是通过电脑、手机等网络工具，偷偷拿走别人的钱或东西，并据为己有。比如你在网上买东西时，有人假装客服骗

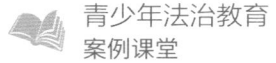
走你的银行卡密码；同学的游戏账号突然被盗，里面的稀有装备不翼而飞；有人修改了班级缴费系统的数据，悄悄转走大家的班费……

那么常见的网络盗窃手段有哪些？

窃取账号型：偷密码，搬空"电子钱包"。有些不法分子会制作钓鱼网站，比如伪装成游戏官网、学习平台，或者在你下载的软件里暗藏木马病毒。只要你不小心点进去，账号密码就会被偷走！比如，小宇收到"免费领皮肤"的链接，输入游戏账号密码后，不仅皮肤没领到，而且账号里的金币和装备全没了。

窃取虚拟财产型：游戏里的"偷装备小贼"。别以为游戏里的装备是虚拟的就不重要！它们就像现实中的玩具和零花钱，都是有价值的！有些同学会利用游戏漏洞，或者用黑客软件，偷偷把别人的游戏币、皮肤、武器转到自己账号里，这也是盗窃！

数据篡改型：修改数字，偷走真金白银。比如班级群里收班费时，有人偷偷篡改数据，把别人交的钱转到自己账户；或者在网上商城购物时，利用系统漏洞修改订单金额，少付钱多拿货。记住：任何未经允许改动数据、拿走他人财物的行为，都是法律禁止的！

网络不是法外之地，每一次"偷偷操作"都会留下痕迹，需要承担相应的法律责任。

你知道以下行为也构成盗窃罪吗？

第一种是屡教不改的"惯犯"： 二年内偷了三次以上，比如小林觉得校门口架上摆的外卖看起来很诱人，半年内三次趁同学不注意时偷偷拿走别人的外卖，虽然每份外卖价值并不高，但累计三次就可能已经触犯法律啦！同学们一定要记住：偷一次是错，偷三次就是犯罪。

第二种是私闯家门的贼： 入户盗窃，也就是擅自闯进别人家翻抽屉。

第三种是带刀拿枪的"危险小偷"： 携带凶器盗窃，这时的凶器可不是游戏里的虚拟宝剑哦！现实中带刀、棍、管制刀具等危险物品去偷东西，哪怕没用到，只要带着就会被从重处罚！想想看，拿着刀去偷东西，是不是一听就很吓人？

第四种是公共场所的"顺手牵羊"： 扒窃，也就是在商场、学校、公交车上，偷别人口袋里的手机、钱包。

同学们要牢记： 不属于自己的东西，切莫伸手！如果发现有人偷偷拿别人的东西，一定要第一时间告诉老师、家长，或者拨打 110 报警。

错误可以改正，但人生不能重启！

我国的法律对成长中的未成年人设置了特别保护程

序，旨在避免未成年人因一时失足而背负终身的不良影响。为了帮犯错的孩子重新轻装上阵，法律专门设置了未成年人犯罪记录封存制度。如果犯错的时候还不到 18 岁，而且受到的处罚是五年以下有期徒刑，那么相关的犯罪记录就会被"藏起来"：就像把这段记录放进一个带密码的盒子里，只有办案需要或者国家规定的特殊情况，经过严格审批才能查询，而且看过的人必须保密，绝对不能随便说出去。

法律之所以这么规定，是因为每个人都应有改错的机会，尤其是还在成长中的未成年人。法律对违法的未成年人"宽严相济，惩教结合"，封存记录是为了让诚心改过的孩子有机会重回正轨，降低对上学、工作的影响。法律相信未成年人可能因冲动犯错，因此教育比惩罚更重要。但如果被封存记录的人成年后再次故意犯罪，法院会在判决书里写明他之前的犯罪记录，这时"密码盒"就会被打开。法律给未成年人改错的机会，但绝不等于纵容犯罪。因此，大家要切记，错误可以改正，人生却不可重启。我们要走好人生每一步，就像扣纽扣，如果第一颗扣错了，后面可能就全歪了；但若能及时纠正，依然能走对路。

 **锦囊妙方**

如何用好网络这把"双刃剑"？

青少年：法律知识早充电，技术"学霸"走对路。未成年人要主动学习网络安全、未成年人保护相关法律法规，明确技术使用的边界，给自己的网络行为画红线。通过正规课程、竞赛等渠道钻研网络技术，未经授权不触碰任何系统数据，警惕"技术套利"的陷阱。

家长：加强价值观引导，监督孩子网络行为。关注孩子的网络社交圈，留意孩子的异常行为，多与孩子聊天沟通，主动倾听孩子的压力与困惑，避免动辄批评指责，不然孩子只会将自己的小秘密藏得更深。引导孩子通过合法途径学习网络技术，预防孩子接触非法漏洞平台或者不法技术工具。

平台：升级技术防控，强化未成年人保护。平台要牢固树立未成年人保护的社会责任意识，完善系统漏洞监测机制，对异常数据访问、异常充值等行为实时预警、拦截。主动切断不良信息，封禁非法技术交流内容，过滤违规违法信息。

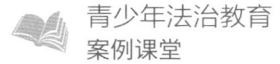
 法条链接

《中华人民共和国刑法》

第二百六十四条 盗窃公私财物，数额较大的，或者多次盗窃、入户盗窃、携带凶器盗窃、扒窃的，处三年以下有期徒刑、拘役或者管制，并处或者单处罚金；数额巨大或者有其他严重情节的，处三年以上十年以下有期徒刑，并处罚金；数额特别巨大或者有其他特别严重情节的，处十年以上有期徒刑或者无期徒刑，并处罚金或者没收财产。

《中华人民共和国刑事诉讼法》

第二百八十六条 犯罪的时候不满十八周岁，被判处五年有期徒刑以下刑罚的，应当对相关犯罪记录予以封存。

犯罪记录被封存的，不得向任何单位和个人提供，但司法机关为办案需要或者有关单位根据国家规定进行查询的除外。依法进行查询的单位，应当对被封存的犯罪记录的情况予以保密。

（本案例素材由上海市长宁区人民法院提供）

19. 我的银行卡可以
"借"给别人吗？

 案例故事

篮球场上，17岁的小康看着别人的限量球鞋，羡慕不已。"爸妈给的生活费已经花完了，要是可以赚点钱就好了。"正在为难之时，有人给他介绍了出手阔绰的亮哥。

"用你身份证开几张卡，躺着就能赚钱。"社会青年亮哥晃着最新款手机，金链子叮当作响。原来，亮哥平常的业务需要使用大量银行卡进行"过账"。"只需用你的个人身份证办理银行卡，完成后把卡交给我，我就会给你一笔丰厚的

报酬。你不需要操心其他任何事情。"亮哥信誓旦旦地说。小康虽然有所怀疑，但想想可以拿了钱去买球鞋，便答应了下来。办好实名注册的银行卡、手机卡之后，小康一股脑儿交给了亮哥，用拿到手的报酬痛快消费了一番之后，就把这件事抛之脑后。

没多久，小康发现银行卡中出现大额资金往来，超过了正常使用的范畴。小康不禁心生恐惧，他很明显地感受到，亮哥在用他的银行卡做着什么违法活动。为避免受到牵连，小康到银行注销了这张卡。

亮哥很快就发现小康注销了银行卡，他找到小康软硬兼施，一边宽慰小康说，出了事自己兜着，不会让小康承担风险；另一边又恐吓说如果不配合就要取回全部报酬。小康心想："钱都花完了，哪能还得起？再说出了事也跟我没关系。"于是，小康又补办了银行卡交给亮哥使用。

后来公安机关抓获了亮哥，亮哥因犯罪获刑，公安机关又通过银行卡信息找到了小康。经调查发现，小康的银行账户被用于转移电信网络诈骗资金，转入不明资金高达一百多万元，而小康仅获得几千元报酬。

在接到公安机关的电话后，小康投案自首。

法院审理认为，小康明知他人利用信息网络实施犯罪，仍为犯罪提供帮助，情节严重，已构成帮助信息网络犯罪活动罪。小康实施犯罪时仍是未成年人，法院结合其他从轻、从宽的情节，最终对小康判处拘役并处罚金，并没收小康的全部违法所得。

我们一起来思考

1. 犯罪分子为什么需要那么多手机卡、银行卡？

2. 银行卡、手机卡借给其他人使用会有哪些风险？

3. 如果有人要使用你的银行卡、手机卡，你会怎么做？当发现自己的银行卡、手机卡已经用于接收大额不明款项时，应该怎么办？

 法官说法

银行卡作为重要的金融支付工具，直接关系持卡人的财产安全，只能由经发卡银行批准的持卡人本人使用，不得出租和转借。本案中的小康，为了能够在短期内获得高额报酬，轻易将自己名下的银行卡和手机卡交付他人用于接收上游犯罪赃款，成为他人犯罪活动的帮凶，最终受到法律制裁。

出租、出借、出售电话卡、银行卡的行为涉嫌帮助信息网络犯罪活动罪，该罪是指明知他人利用信息网络实施犯罪，为其犯罪提供互联网接入、服务器托管、网络存储、通讯传输等技术支持，或者提供广告推广、支付结算等帮助，情节严重的行为。本案中，小康以出租、出售的方式为犯罪分子提供银行卡、电话卡，造成"两卡"被犯罪分子用于拨打诈骗电话或者转移赃款等犯罪活动，属于为上游犯罪提供支付结算帮助的情形。

构成"帮信罪"，不需要明知上游犯罪的具体内容，只需要概括性明知被帮助的对象在实施网络犯罪即可，根据司法解释的规定，支付结算金额 20 万元以上，或者违法所得 1 万元以上，即构成"情节严重"，应当追究刑事责任。

将自己的银行卡、手机卡出租、出借给他人使用，存在以下危害：

助长电信诈骗、网络赌博等违法犯罪活动，扰乱社会秩序。非法提供的银行卡多被犯罪分子用于接收、转移赃款，供卡方成为网络诈骗、网络赌博等犯罪的帮凶。而所谓的"租卡费"与银行卡巨额流水相比，往往微不足道。供卡方虽然取得了一点报酬，却要面临刑事责任，除了"帮信罪"，还可能触犯掩饰、隐瞒犯罪所得罪以及洗钱罪等多个罪名。

泄露个人信息，增加安全风险。银行卡、手机卡系实名认证，与身份证信息相互绑定。提供"两卡"给他人使用，身份信息会被不法分子掌握，存在被冒用身份恶意贷款、无端背负债务、成为失信被执行人等风险。

影响个人征信记录，限制金融服务。根据相关规定，因涉电信网络诈骗及相关犯罪受到刑事处罚的，将被记入信用档案。金融机构会对行为人采取限制有关卡、账户、账号等功能和停止非柜面业务、暂停新业务等措施。

法官提醒：银行卡、手机卡只能本人使用，未成年人应将银行卡交由监护人保管，勿将银行卡出借、出租给他人。一旦发现身边有收卡、买卡或养卡等违法犯罪行为时，及时告诉家长、老师，并向公安机关举报。此外，未成年人还应树立正确的价值观和消费观，构建健康的朋友圈，远离可能诱导参与违法犯罪活动的社交圈层，切勿因贪图小利而误入歧途。

法治小黑板

未成年人可以办理银行卡吗？

根据相关法律法规，居住在中国境内 16 周岁以下的中国公民，应由监护人代理开立个人银行账户，出具监护人的有效身份证件以及账户使用人的居民身份证或户口簿。《商业银行信用卡业务监督管理办法》第44条规定，发卡银行不得向未满18周岁的客户核发信用卡（附属卡除外）。也就是说，虽然可以以未成年人的名义开设银行账户，但是在我国，未满16周岁的未成年人，不能独立至银行柜台办理，需由监护人代理开立银行账户。

犯罪分子为何需要大量手机卡、银行卡？

近年来，犯罪分子多利用网络直播间、社交软件、电话等媒介实施诈骗，因被害人不特定、分布范围广，诈骗金额往往达到数百万甚至数千万。犯罪分子获得巨额钱款后，如果使用自己的账户一次性接收、转移诈骗钱款，很容易因资金转移金额过大而引起警方的注意。为了逃避警方侦查，犯罪分子需要将赃款拆分后在不同账户之间多次反复转移，以掩盖资金来源和性质，于是他们通过大量利用陌生人的银行卡来实现上述目的。而银行卡的转账验证往往又与手机卡相关联，所以犯罪分子才会大量收购"两卡"，同时将目标定为涉世未深的未成年人，甚至还以借电话为由骗取低龄未成年人电话手表中的手机卡。

注意：下列行为有可能是在为犯罪分子转移赃款或提供其他帮助！

帮助"跑分"型："分"就是犯罪行为中"钱"的代称，帮忙"跑分"就是帮忙转账。持卡人向他人出借自己的银行卡、手机卡及支付宝、微信账号，用于接收大额钱款后，再配合进行刷脸转账至指定账户，或者按照要求在微信群内"抢红包"，并将抢得的红包汇集后转账至指定账户，按照一定比例获取佣金。事实上，不法分子是以高额回报为诱饵，弱化借用他人第三方支付工具转移上游涉赌、涉诈赃款的事实，利用未成年人涉罪可从轻、减轻处罚的情节，将青少年作为配合其转移赃款的"工具人"。

POS 机"取现"型：帮忙去 POS 机取现，再将所取现金按照指示交给下家。犯罪分子获得上游诈骗赃款后，担心取现存在限额，且亲自提现会在监控视频中留下人脸信息，为逃避侦查，经常雇用大量人员，尤其是涉世未深的未成年人，以取现形式转移赃款。

电话"引流"型：向他人提供自己的电话卡或按照犯罪分子要求拨打电话，吸引被害人加微信、进入群组，成为潜在的诈骗对象。引流行为与相应犯罪的实施者没有共谋犯罪，电话卡提供方对犯罪行为的具体性质

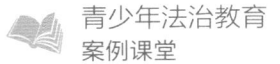
也不甚清楚，只知道自己可能从事了"不太正当"的行为，但在客观上为犯罪提供了帮助。

遇到要求你做这些行为的人，千万要远离！

 **锦囊妙方**

青少年如何避免落入"帮信罪"陷阱？

青少年：增强风险意识，切勿贪小失大。作为学生，应学习法律知识，强化底线意识，充分认识到出租、出售银行卡、手机卡的法律后果，杜绝侥幸心理；不受"高薪"诱惑，对于付出与报酬严重不匹配的"兼职"应当提高警惕；不盲目讲求"哥们义气"，不轻信陌生人的"无责"承诺和"帮个小忙"的要求，当对方要求出租、出售银行卡、手机卡及微信、支付宝账号等用于接收、转移不明资金时，应果断拒绝；发现身边有收购"两卡"行为时，及时向老师反映或者报警求助。同时，树立正确的消费观念，调整心态、量力而行。

家长：关注孩子变化，及时监管引导。作为家长，应密切留意孩子的日常行为，关注孩子情绪及社交变化，如果发现孩子频繁与陌生人联系或者有大额消费等现象，应当主动询问对方情况及钱款来源；要妥善保管孩子的银行卡，开户时为孩子的银行卡设置限额，定期检查孩子的银行卡支付款项，了解孩子是否有大额资金往来等异常转账行为；教育孩子正确使用银行卡，告知相关法律风险，告诫孩子保护好身份信息、银行卡信息，并定期更换密码；引导孩子树立正确的消费观、金钱观，不被物质迷住双眼。

银行：强化开户审核，加强账户监测。金融机构应严格落实未成年人开户审核，对于未成年人父母代为开立账户的，充分说明银行卡出租、出借的金融风险、法律风险，告知不应向他人出借U盾，不应泄露银行卡密码、身份证号等个人信息，督促前来开卡的监护人强化风险意识及对未成年人用卡的监督管理责任，严把未成年人银行账户开立关；促进个人账户分类管理，加强对未成年人账户监测力度，设立未成年人账户风险防控机制，设置合理的转账限额及业务范围，发现大额频繁转账等可疑使用情况，设置风险预警及自动冻结模式，助力未成年人金融安全保护。

 **法条链接**

《中华人民共和国刑法》
第二百八十七条之二 明知他人利用信息网络实施

犯罪，为其犯罪提供互联网接入、服务器托管、网络存储、通讯传输等技术支持，或者提供广告推广、支付结算等帮助，情节严重的，处三年以下有期徒刑或者拘役，并处或者单处罚金。

......

《中华人民共和国反电信网络诈骗法》

第三十一条 任何单位和个人不得非法买卖、出租、出借电话卡、物联网卡、电信线路、短信端口、银行账户、支付账户、互联网账号等，不得提供实名核验帮助；不得假冒他人身份或者虚构代理关系开立上述卡、账户、账号等。

对经设区的市级以上公安机关认定的实施前款行为的单位、个人和相关组织者，以及因从事电信网络诈骗活动或者关联犯罪受过刑事处罚的人员，可以按照国家有关规定记入信用记录，采取限制其有关卡、账户、账号等功能和停止非柜面业务、暂停新业务、限制入网等措施。对上述认定和措施有异议的，可以提出申诉，有关部门应当建立健全申诉渠道、信用修复和救济制度。具体办法由国务院公安部门会同有关主管部门规定。

（本案例素材由上海市普陀区人民法院提供）

20. 一场"花钱拉票"的
网络诗词比赛

 案例故事

"哎，老张，最近我看到网上有一个全国诗词大赛的比赛，根据赛会要求上传诗词，获得三等奖以上的还有高额奖励呢！"这天，老李在公园遇到老张，兴奋地对老张说。

"哦，是吗？"老张摸了摸胡须，"有高额奖励？主办方是谁啊？不会是骗人的吧？"

"不会，是一家文化公司举办的。你想呀，企业自身都是有资金实力的，为了提升知名度，就会在网上搞些文化推广、比赛什么的。我看

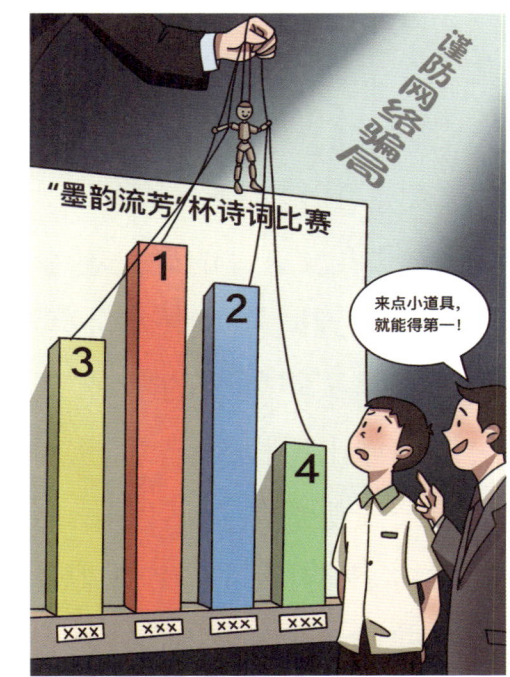

大赛章程写的，根据点赞票数评选名次，公平公正。想当年，你可是我们班的大才子，文采斐然，你参加，我让老同学们一起给你投票加油。何况中不了大奖也不吃亏啊！"

"也对，重在参与，到时候给我投票点赞。"告别老李后，老张兴冲冲回家上网。次日，老张将酝酿了一夜的一首七律上传至年氏文化公司主办的诗词大赛参赛主页。

一周后。

"唉，老李，功亏一篑啊！不知道为什么，原本我已经稳占第二名了，结果最后几秒点赞数竟然被超，现在连第三名都轮不上，太不可思议了，几秒的时间能完成几千个点赞数吗？"老张郁闷地告诉老李，"不过还是谢谢老同学们，为了点赞，为我充值购买加票道具，花了好多钱，真是对不住啊！"

"没事没事，的确是不寻常。我亲戚说他一个同事的朋友也碰到同样的情况，莫不是比赛是假，其实是为了骗人花钱买点赞票的？"二人越想越可疑，合计了一番，决定去派出所报案。

公安机关侦查后发现，年氏文化公司等通过网络多次举办各类诗词、书画等比赛，根据点赞票数评选名次，并设置高额奖励，吸引不特定人员参赛及充值购买加票道具，之后通过添加虚拟机器人作为参赛选手的方式占据高额奖项名次，骗取参赛人员充值钱款共计1000余万元。年氏设立的公司没有其他经营项目，公司的收入就是上述骗取的充值钱款，公安机关遂将年氏等人抓获归案。

法院审理认为，年氏等人以非法占有为目的，采用虚构事实、隐瞒真相的方法，骗取参赛者钱款，数额特别巨大，其行为已构成诈骗罪。年氏作为主犯，法院依法对其判处有期徒刑十三年，并处罚金。

我们一起来思考

1. 从老张、老李的叙述中，你觉得这场网络诗词比赛的评选方式有什么特点？是否合理？

2. 假设你参加了这样的一场网络比赛，赛事规则要求你花钱拉票，你会自己付费或者请同学、朋友帮忙吗？

3. 当你发现参加的比赛是为了骗取参赛者钱款的，你会如何处理？

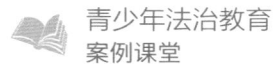
 法官说法

年氏等人设置的赛事未经文化主管部门审批，投票充值系统也未取得网络支付许可，如果仅是如此，并不一定会构成犯罪。但是，年氏等人的目的显然不是比赛本身，而是欲将真实参赛者充值的钱款据为己有，并采用了下列手段：赛事设置高额奖励；赛事没有评审，仅根据投赞票数确定名次，参赛者需充值付费购买票数；设置虚拟选手占据高额奖项名次。

年氏等人实施的上述欺骗行为，致使参赛者产生自己必然获奖的错误认识，不知道比赛实际已被后台操控。基于这种错误认识，参赛者自愿将钱款交付给年氏等人。因此，年氏等人主观上具有非法占有他人财物的目的，客观上实施了诈骗行为，并骗取他人钱财，构成诈骗罪。

年氏等人正是利用当下社会人们日益增长的对文化娱乐活动的需求及对荣誉的向往，通过网络推送赛事，吸引大量参赛者，又利用人们逐利的心理，采用上述方法一步一步让参赛者深陷其中。

法官提醒：形形色色的骗局层出不穷，成年人尚且难以判断真伪，更不用说涉世未深的未成年人。其实，任何骗术撕开伪装后，大家都会恍然大悟：原来原理如此简单！骗子之所以能够得逞，关键在于利用了人类的逐利心理。特别是在利益诱惑面前，人们容易产生"赌徒心理"，在"只差一步就能成功"错觉的驱使下不断追加投入，最终导致严重财产损失。正所谓：骗术千万条，理智第一条，转账不谨慎，事后徒悔恨。所以，大家一定要捂紧"钱袋子"，要坚信"天上不会掉馅饼"，不要为了所谓"利益"，使自己的财产遭受损失。

 法治小黑板

如何辨别网络诈骗和正规比赛？

一看赛事信息来源。正规比赛通常会通过官方网站、社交媒体官方账号、权威行业平台、学校等官方渠道发布消息。如果是来自不知名论坛、社交群组、短信链接、弹窗广告等，就需要提高警惕。此外，可以搜索赛事主办方信息，如果主办方官网内容简陋、无备案信息，或者联系方式仅是个人社交账号的，都可能存在隐患。

二看比赛宣传内容。正规比赛会明确说明赛事要求、评选标准、奖励设置，不会过度夸大收益。网络诈骗通常以"参赛必获奖""奖金丰厚""零门槛高额奖励""无需专业评审"等极具诱惑性的话术吸引眼球，违背常理。同时，可能会使用"名额有限，不立即报名将错失百万大奖"等限时逼迫性话术，制造焦虑情绪，迫使参赛者仓促行动。

三看报名参赛流程。正规比赛报名流程规范，除了填写真实姓名、联系方式、作品等必要信息外，不会要求参赛者提前支付高额报名费、手续费、保证金、税费等费用，不会要求提供银行卡号、验证码等敏感隐私信息，如果涉及投票点赞，不会要求花钱充值购买投票数。而网络诈骗以骗取参赛者钱款为目的，在赛事流程中会千方百计设置障碍，让参赛者自愿付费。

四看比赛专业性与组织性。正规比赛的章程除了包含比赛主题、时间安排、版权声明等详细信息外，对于评审流程、奖项设置等均有详细规定，在评审环节，通常会公布专业评审团名单及评审规则，评审过程公开透明。而网络诈骗的评审信息不明确，或者根本没有真实评审，以花钱拉票等作为评选方式。

遭遇网络诈骗后如何处理？

固定相关证据：截图，如赛事页面、转账记录、主办方承诺获奖的聊天记录、诈骗分子发送的链接等内容；录屏，用手机自带的屏幕录制功能，完整记录登录赛事平台、查看投票排名的过程，防止网页被删除。

尝试资金拦截：联系支付平台，通过微信或支付宝等投诉诈骗通道申请冻结账户（24 小时内操作成功率较高）；银行挂失，如使用银行卡支付，立即致电银行客服，说明遭遇诈骗的情况，申请临时冻结账户或挂失银行卡，防止二次扣款。

向公安机关报案：拨打 110 报警电话或前往当地公安机关报案，积极配合调查工作；准备报案材料，写明被骗经过、金额、涉案平台等信息；整理证据清单，按时间顺序整理截图、录屏、转账记录。

要警惕二次被骗：调整心态，不因被骗而过分恐慌、自责，轻信"能帮忙追回损失"等二次诈骗信息，切勿自行联系"黑客追款""网络警察"等二次诈骗分子；保留与诈骗分子的后续沟通记录，即使对方提出诸如"不许报警，否则曝光个人信息"等威胁内容，也要保留好证据，及时向公安机关提供。

 **锦囊妙方**

如何为青少年筑牢网络防诈警戒线？

家长：拓宽眼界，善于甄别。家长要帮助孩子建立

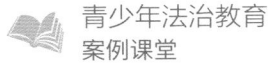
反诈意识，不被利益左右，让孩子多"看看世界"，树立正确的金钱观、利益观；可以和孩子一起观看并讨论媒体报道中的诸多骗术，让孩子丰富见识。学会透过现象看本质；引导孩子保持理性判断，不人云亦云，不断积累各方面的知识，开阔眼界，学会科学思辨，提高抵御外界诱惑的能力；要和孩子加强亲密关系，理解孩子的心理特征，发生问题不盲目指责和埋怨，告诉孩子"错在骗子不在你"，消除恐慌心理和羞耻感。未成年人也要将父母作为自己的强大后盾，无法甄别真伪的时候要向父母寻求帮助，不要害怕被父母责怪。

学校：融合教学，加强预防。学校可以进行课程融合，将反诈意识植入各学科教学中，例如信息技术课程，可以模拟本案例中虚拟机器人实时控制选手票数的场景，向学生展示相关原理。同时，组织学生进行沉浸式场景演练，让学生自编自演法治场景剧，从中深刻体会一场骗局从产生到诈骗成功的过程。心理老师还可以从心理学角度向学生推演欺骗者和被骗者的心理过程。此外，学校可以邀请法治副校长开设校园反诈课程，用更多的实际案例，让学生开阔眼界、了解社会、适应生活，提高自我保护意识和防范能力。

法条链接

《中华人民共和国刑法》

第二百六十六条　诈骗公私财物，数额较大的，处三年以下有期徒刑、拘役或者管制，并处或者单处罚金；数额巨大或者有其他严重情节的，处三年以上十年以下有期徒刑，并处罚金；数额特别巨大或者有其他特别严重情节的，处十年以上有期徒刑或者无期徒刑，并处罚金或者没收财产。本法另有规定的，依照规定。

（本案例素材由上海市闵行区人民法院提供）

21. 神秘的网络代购

 案例故事

"我以为只是帮朋友代购几本书，没想到会触犯法律……"被告人林某在法庭上流下了悔恨的泪水。

林某是一名高中毕业生，平时喜欢在拼书平台参与境外书籍拼购。渐渐地，他发现了其中的"商机"，于是自己也做起了团长，发布代购书籍的公告，并根据客户的购买需求，自海外低价购买书籍，再高价卖给订购者，以此赚取零用钱。

林某发现有人对一些特殊的境外书籍需求迫切，还愿意高价购买。林某上网一查，原来这些都是海外发行的色情

书籍，附有大量暴露图片。

在明知这些书籍含有淫秽内容的情况下，林某还是发起了团购，先统计了订购数量，再在海外网站上下单，并多次通过向海关伪报品名、谎报包裹内容的方式逃避海关监管，将上述书籍邮寄入境。后海关缉私部门根据线索将其抓获。经统计，林某一年内累计走私淫秽书籍 139 本。

法院审理认为，林某为牟利走私淫秽物品，虽情节较轻，但其行为已构成走私淫秽物品罪。鉴于其如实供述罪行、认罪认罚、主动缴纳罚金且无前科，最终被判处有期徒刑并处罚金。

我们一起来思考

1. 林某认为自己只是"代购"，为什么会被认定为犯罪？

2. 如果朋友请你帮忙代购物品，你会如何判断是否合法？

3. 你还知道从境外购买哪些物品携带入境可能构成走私罪？

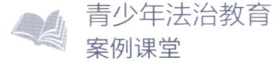
 **法官说法**

走私罪，是指违反《海关法》及相关法律法规，逃避海关监管，偷逃应纳税款，逃避国家有关进出境的禁止性或者限制性管理，且情节严重需追究刑事责任的行为。该犯罪行为主要侵害国家海关监管秩序，主要包括两种类型。

一类是走私国家允许进出口的普通货物、物品，常见的有汽车、烟、酒、化妆品等。该类走私如偷逃应纳税额较大，或者一年内曾因走私被给予二次行政处罚后又实施走私行为则构成犯罪。

另一类是走私国家禁止、限制进出口的物品，例如非法邮寄、携带、运输、珍贵动物、武器弹药、淫秽物品、核材料、假币等入境或出境，达到法定标准的行为。由于上述物品社会危害性大，所以走私该类物品不以偷逃税额作为定罪量刑的标准，而以法定的走私数量为定罪依据，构成走私珍贵动物及动物制品罪，走私假币罪，走私毒品罪，走私武器、弹药罪等。

本案中，林某为谋取利益，假借"代购"名义，通过互联网自境外购买了国家禁止进出口的"淫秽书籍"，再转售他人。其本人在购买过程中，伪报了所购商品的名称和性质，逃避了海关监管，数量达到法定标准，故属于上述第二类走私犯罪，构成走私淫秽物品罪。

法官提醒：走私行为作为国际社会普遍打击的非法贸易活动，不仅损害国家主权和经济秩序，更危害国家的政治安全和公民身心健康。我国《刑法》也对走私犯罪设置了从拘役到无期徒刑不等的刑罚。公民应当自觉抵制走私活动，积极配合反走私工作。

 **法治小黑板**

走私的常见手段有哪几种？

瞒关走私：通过藏匿、伪装、瞒报、伪报的方式实施走私，主要表现为公民在经过设立海关的地点申报时，故意隐瞒涉案货物、物品的品名、规格，让申报数量"缩水"。比如，将高税率的货物伪报成低税率的货物，或者故意报低货物数量、夹藏货物不予申报等，以达到少缴税款的目的。

避关走私：避开设立海关的区域，运输、携带应税、禁止或限制货物或物品进出境的行为，包括陆路绕关、海上绕关、航空绕关。例如，使用渔船通过开放海域、"野海滩"多次偷运成品油，利用小型机场或非正规航线秘密搭载货物避开安检。上述行为危险重重，一旦

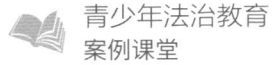

迷路、翻船，往往无法求救。

变相走私：主要表现为合法进口后进行非法处置，本质仍是偷逃海关关税。未经海关许可，擅自将保税区、出口加工区等海关特殊监管区域内的海关监管货物、物品在境内销售牟利。如假借"扶贫""捐赠"名义进口货物后，未补缴关税且进行倒卖。

合法代购与违法走私的界限是什么？

跨境代购是指接受他人委托，为他人自境外购买商品的行为。跨境代购分为"营利型"和"非营利型"两种。

"非营利型"跨境代购，是指自境外购买物品携带入境，自用或赠与他人，属于"物品"范畴。根据法律规定，"物品"具有非营利性。自用物品征收税率较低，且有一定的免税额度，但携带自用物品超过限额、限量要求，应当如实申报、缴纳税款。虽未如实申报，但无明显藏匿、伪装行为的，属于逃避海关监管的行政违法行为，可能面临罚款、没收违法所得等行政处罚。因此，不以营利为目的，帮他人代购少量物品，未超过免税额度的，或者对超过部分如实申报、缴纳税款的，属于合法代购。

"营利型"跨境代购，是指自境外购买物品后在境内销售牟利，应当如实申报、按规定缴纳税款。如果代购大量商品入境，具有明显藏匿、伪装，躲避海关查验、偷逃税款的行为，就属于故意走私；逃税金额达到法定标准，则涉嫌走私犯罪。例如空乘人员入境时，为牟利帮他人代购大量化妆品、奢侈品进境，未予申报缴税；行为人利用"离岛免税"政策，使用多人免税额度，套购大量低价货品入境后，再销售牟利，这些行为均属于走私行为，本质都是逃避申报、偷逃税款。

合法代购与走私行为的主要区别：一是否依法申报所携带的物品、货物，是否依法缴纳税款；二有无藏匿、伪装所携带的物品，有无逃避缴税的故意。

淫秽物品亦应予以警惕

根据《刑法》第 367 条，淫秽物品指具体描述性行为或者露骨宣扬色情的诲淫性的书刊、影片、录像带、图片及其他淫秽物品。但有关人体生理、医学知识的科学著作不是淫秽物品。包含有色情内容的有艺术价值的文学、艺术作品不视为淫秽物品。

近年来，淫秽物品除了通过网站、书籍等传统方式传播外，还通过手机短视频、电子书、二次元衍生产品等形式悄悄传播。部分商家以动漫角色为载体、以文化传播为幌子，制售衣着暴露、动作不雅的二次元"人偶手办"，试图借此模糊"二次元"和"软色情"的边界，

吸引未成年人购买。这一行为严重侵害未成年人身心健康，值得警惕。

 **锦囊妙方**

如何远离走私等违法行为？

青少年：合法途径代购，抵制走私货品。未成年人在委托他人代购时应当深入了解货品来源、渠道，查看代购者的相关资质，要求其提供纳税凭证，核实代购行为的真实性，防止买到假货、水货或者残次品；为他人代购时，应当增强法律意识，主动了解海关管理制度及税收相关法律规定；自身在出境游玩、携带个人物品入境时，也应当遵守海关监管规定，主动申报相应物品，配合海关部门的查验和询问。

监管部门：强化排查管控，清除文化毒瘤。监管部门应加强对网络电子书平台、短视频平台以及二次元衍生产品企业等的排查力度，从源头清除"软色情""擦边"等不利于未成年人身心健康的书籍、影像以及产品；对网络环境要不断升级防控手段，增强溯源能力，加大整治力度；对校园周边以及青少年经常涉足的文具店、潮玩店等消费场所开展常态化巡查，发现有销售不雅"手办"等产品的，加大处罚力度。此外，监管部门要及时完善法律法规，明确上述产品的认定标准，同时强化法治宣传，引导商家规范经营，加强行业自律。

 法条链接

《中华人民共和国刑法》

第一百五十二条 以牟利或者传播为目的，走私淫秽的影片、录像带、录音带、图片、书刊或者其他淫秽物品的，处三年以上十年以下有期徒刑，并处罚金；情节严重的，处十年以上有期徒刑或者无期徒刑，并处罚金或者没收财产；情节较轻的，处三年以下有期徒刑、拘役或者管制，并处罚金。

……

第一百五十三条 走私本法第一百五十一条、第一百五十二条、第三百四十七条规定以外的货物、物品的，根据情节轻重，分别依照下列规定处罚：

（一）走私货物、物品偷逃应缴税额较大或者一年内曾因走私被给予二次行政处罚后又走私的，处三年以下有期徒刑或者拘役，并处偷逃应缴税额一倍以上五倍以下罚金。

……

第三百六十七条 本法所称淫秽物品，是指具体描

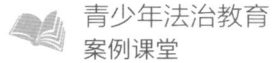
绘性行为或者露骨宣扬色情的诲淫性的书刊、影片录像带、录音带、图片及其他淫秽物品

有关人体生理、医学知识的科学著作不是淫秽物品。

包含有色情内容的有艺术价值的文学、艺术作品不视为淫秽物品。

（本案例素材由上海市第三中级人民法院提供）

第五章

公共空间的安全法则

公共空间行为规范教育对培养未成年人良好的社会行为习惯、树立社会责任感十分重要。本章选取了交通出行、高空抛物、密室游戏、饲养宠物等五个涉及公共领域安全的案例，帮助未成年人认识个人行为自由与维护公共秩序安全的界限，明晰公共空间行为准则，引导未成年人树牢"人人都是社会秩序守护者"的责任意识。

22. 疯狂"小电驴"撞上了悲剧

 案例故事

小蔡虽然年仅 15 岁，却不知从哪里沾上了看似豪迈、实则鲁莽的江湖气，总是做些出格的事，被同学们戏称为"蔡大胆"。就说上下学，同学们大多是家长送来学校，而"蔡大胆"却是自己骑"小电驴"来。在校门口停车时，小蔡常常感受到同学们半是错愕半是好奇的目光，心中往往会生出些得意，行为也愈发大胆。

一天下午，小蔡下课后骑着电瓶车回家。正值晚高峰时段，道路十分拥堵。小蔡看到家长、同学小心地在车流中穿行，不屑之情油然而生："让你们看看我的厉害。"小蔡一脚电门飙起车来，在马路上东窜西突，惊得司机、路人纷纷尖叫、避让。

小蔡的电瓶车时速高达 50 公里。在连过几个路口后，他欣欣然陶醉于自己的"车技"，最后甚至忘乎所以，还想瞄两眼手机，浑然没有发现另一名驾驶电动车的黄某正迎面驶来。等小蔡反应过来，一切都太迟了。

　　"砰"的一声巨响，黄某整个人飞了出去，在空中划出了一道抛物线，而小蔡也好不到哪儿去，结结实实地在地上滚了几大圈。小蔡刚想起身看看发生了什么，却眼前一黑失去了知觉。

　　等小蔡醒来时，看到的除了父母痛哭的面孔，还有警察冰冷的告知书。此时他才知道，被撞的黄某因为颅脑损伤医治无效死亡，而自己则全身多处骨折，需要手术和长期康复治疗。警方经调查认定，虽然黄某也存在逆向行驶、超速行驶以及加装影响非机动车安全通行设施的违法行为，但小蔡未满 16 周岁驾驶电动自行车且严重超速，对于事故的发生同样具有过错。

法院审理认为，小蔡因自身所存在的过错，应对黄某的损失承担 30% 的赔偿责任。由于小蔡未满 16 周岁，属于限制民事行为能力人，根据相关法律规定，由小蔡的监护人赔偿，赔偿费用可以先从小蔡的财产中支付，不足部分由其监护人补足。

我们一起来思考

1. 未满 16 周岁的小蔡驾驶电动自行车上路，存在哪些安全隐患？

2. 小蔡在事故中存在哪些不当的行为？

3. 你在日常出行中是否有过不遵守交通规则的行为？有没有发现身边同学存在交通违法行为？

 法官说法

本案中，小蔡违反交通规则驾驶电动自行车，既对他人死亡具有过错，也导致自己受伤，两个家庭都因此遭受重创。逝去的生命无法挽回，人生的轨迹不能逆转，小蔡不仅受到了法律的惩罚，往后余生也将背负沉重的心理负担。

部分未成年人会因为好奇或寻求刺激而冒险驾驶，

做出诸如单手骑车、骑车时使用手机、违法载人等行为。他们可能觉得这样很"帅气"，殊不知这类行为将自己和他人都置于巨大的危险中，一旦发生交通事故，可能会危及自己和他人的生命健康。这样的"耍帅"可真是得不偿失！

未成年人违规驾驶电动车可能存在一系列法律后果：

使自身陷入安全风险：未成年人应急能力较差，操作电动车熟练度低，而且容易冲动，遇到紧急情况难以妥善应对，存在极大的安全隐患。

造成他人人身、财产损失：未成年人违规驾驶电动车，如发生交通事故，可能造成他人的人身伤害、车辆或其他财物损坏，需要进行赔偿。

造成自身与他人的精神损害：交通事故可能给双方都带来精神痛苦和心理创伤，如受伤后可能产生恐惧、焦虑、抑郁等情绪，严重影响正常生活。如造成严重伤残或死亡，不论是自身还是受害者及家属都可能长期承受精神痛苦。

法官提醒：未成年人要树立规则意识，将交通安全理念内化于心，严格遵守交通规则，抵制交通违法行为，绝不因一时好奇或追求刺激而冒险驾驶。未成年人监护人也要切实履行监护责任，注重对未成年人的交通安全教育和监管，切勿贪图方便让未成年人违法违规驾驶非机动车、机动车，避免"伤人又伤己"的事故发生。

 法治小黑板

未成年人能否驾驶非机动车？

根据《道路交通安全法实施条例》第 72 条规定，驾驶自行车、三轮车必须年满 12 周岁；驾驶电动自行车和残疾人机动轮椅车必须年满 16 周岁。未满 16 周岁未成年人的身体和心理发育尚未成熟，对交通规则的理解和遵守能力相对较弱，缺乏应对突发状况的经验和能力。因此，法律明确规定，未满 16 周岁的未成年人不得驾驶电动自行车上路，未满 12 周岁的未成年人不得驾驶自行车上路。这是为了保护未成年人自身安全和维护道路交通秩序。

非机动车开多快属于超速？

超速行驶是导致交通事故的重要原因之一。在本案中，小蔡驾驶电动自行车的车速高达每小时 50 公里，远超非机动车的正常行驶速度。根据《道路交通安全法》

第 58 条规定："残疾人机动轮椅车、电动自行车在非机动车道内行驶时，最高时速不得超过十五公里。"超速行驶会使驾驶人的反应时间缩短，制动距离延长，一旦遇到突发情况，很难及时采取有效的避让措施，从而极大地增加了交通事故发生的风险。小蔡的超速行为不仅危及自身安全，也对他人的生命健康造成了严重威胁。

违法违规驾驶非机动车可能带来什么法律后果？

如果驾驶人违反交通法规驾驶非机动车，可能需要承担一系列法律责任：

行政责任：根据《道路交通安全法》第 89 条的规定，像闯红灯、逆行、在机动车道行驶这类常见的违规行为，会被处以警告或 5 元以上 50 元以下的罚款，要是非机动车驾驶人拒绝接受罚款，交警有权扣留其非机动车。而该法第 99 条规定，如果发生交通事故后逃逸，尚不构成犯罪的，会被处以 200 元以上 2000 元以下罚款，可以并处 15 日以下拘留。

民事责任：如果非机动车发生交通事故，驾驶人需要承担实际损失，不仅要赔偿对方车辆维修、财物损毁等财产损失，还要向受害者支付医疗、误工、护理等人身损害赔偿。如果造成伤残，需赔付残疾赔偿金、残疾辅助器具费、康复费用等。如果不幸导致死亡，丧葬费、死亡赔偿金也将依法赔偿。这些赔偿旨在弥补受害者的损失，修复被事故破坏的生活秩序。

刑事责任：如果事故造成重伤、死亡或重大财产损失，驾驶人负主要或全部责任，可能触犯交通肇事罪，面临刑事处罚。从拘役到数年有期徒刑，法律将依据情节轻重给予相应的惩处。逃逸行为还会加重责任认定，因逃逸致人死亡的，可能被判处更严重的刑罚。

这些法律责任的设定，既是对违法违规行为的约束，也是对每个交通参与者的警示。

未成年骑手上路"应知应会"

同学们应当珍爱生命，严守交规。法律明确规定，电动自行车的驾驶人必须年满 16 周岁；自行车、三轮车的驾驶人必须年满 12 周岁。未满 16 周岁未成年人的身体和心理条件尚未成熟，驾驶非机动车上路极易引发危险，应严格遵守相关年龄限制。

即使具备了驾驶非机动车的资格，驾驶时也应当控制车速。须注意：非机动车在非机动车道内行驶时，最高时速不得超过 15 公里。

同时，非机动车驾驶人应当遵守交通信号灯、交通标志和交通标线的规定，不得闯红灯、逆行或占用机动车道行驶。

最后也是最重要的一点，记得佩戴安全头盔。头盔能够为头部提供保护，减轻事故对非机动车驾驶人产生的伤害。"小小头盔头上戴，大大安全心中来"。

 **锦囊妙方**

如何筑牢交通安全防线？

家长：以身作则，切实履责。家长是孩子的第一任老师，其言谈举止对孩子有着深远的影响。家长要为孩子树立榜样，在日常出行中遵守交通规则，用实际行动向孩子传递正确的交通安全观念；要将交通安全作为家庭教育的重要组成部分，帮助孩子树立安全观念；切实履行监护职责，如果发现孩子有违规驾驶行为，不要放任纵容，要及时制止并教育。

学校：宣传教育，完善管理。学校在未成年人安全教育中扮演重要角色，应当高度重视学生的交通安全问题，采取多种措施为学生营造安全的校园环境：通过组织丰富多彩的交通安全教育活动，让学生了解相关知识。完善学校周边和校内的交通管理，对于骑车上下学的学生加强提示；与家长保持密切沟通配合，共同为学生筑起一道坚实的安全防线。

 **法条链接**

《中华人民共和国道路交通安全法》

第五十八条　残疾人机动轮椅车、电动自行车在非机动车道内行驶时，最高时速不得超过十五公里。

《中华人民共和国道路交通安全法实施条例》

第七十二条　在道路上驾驶自行车、三轮车、电动自行车、残疾人机动轮椅车应当遵守下列规定：

（一）驾驶自行车、三轮车必须年满12周岁；

（二）驾驶电动自行车和残疾人机动轮椅车必须年满16周岁；

……

（本案例素材由上海市第二中级人民法院提供）

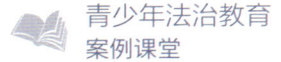
23. 被手机"拐跑"的行李箱

 案例故事

"我对自己的行为感到悔恨，今后一定谨慎使用手机。"案件审结后，面对高达数万元的赔偿责任，被告小李真诚地对法官说出了这番言论。

和许多同龄人一样，15 岁的中学生小李常常手机不

离手，就连吃饭、走路也刷个不停。一天放学，小李一如既往地拉着拉杆箱式书包独自乘坐地铁回家。上了自动扶梯后，小李又掏出手机"沉浸式"地刷了起来。当时扶梯上的乘客不多，小李后面只站着一个年轻人。扶梯安静运行，偶有行人从小李身边有序通过，一派岁月

静好的样子。让人没想到的是，危险却在平静之中悄然酝酿。

小李随扶梯慢慢上升，行至最高处时，身边的拉杆箱突然颠簸了一下，随即开始滚落。小李正双手握着手机，来不及伸手去拉，只好眼睁睁看着拉杆箱以越来越快的速度向后面的乘客翻滚而去。小李身后的年轻人反应较快，及时闪开。不幸的是，年届七旬的沈阿婆恰在此时踏上了扶梯的底端，被拉杆箱结结实实地砸到了头部。

沈阿婆当即被砸倒在地，血流不止。经医院诊断，沈阿婆头骨开裂、寰椎骨折，造成了包括医疗费在内的各项损失共计数万元。沈阿婆一纸诉状将小李及其监护人起诉至法院，要求赔偿自己的全部损失。

法院审理认为，小李乘坐上行自动扶梯时，因看手机未拉住随身携带的拉杆箱，致使拉杆箱滑落。拉杆箱从扶梯顶端滑落至砸伤沈阿婆的时间仅三秒左右，滑落速度飞快，使人没有时间避让。而且当时拉杆箱的拉杆处于拉出状态，占据扶梯横向空间，也没有空间让人避让。在这种情况下，不能苛求年届七旬的老人能够有效避让。因此，小李对沈阿婆的人身损害具有过错，应承担全部赔偿责任。鉴于事发时小李为未成年人，相关侵权赔偿责任应由其监护人承担。

我们一起来思考

1. 公共场合乘坐自动扶梯有哪些安全注意事项？

2. 在公共场合行走时低头看手机可能引发哪些危害？

3. 出行在外如何避免因过失造成自己、他人受伤？

 法官说法

随着智能手机的普及，"低头族"现象日益普遍，部分未成年人沉迷于手机，从而忽视了自身与他人的安全。

本案中，未成年人小李在乘坐自动扶梯时专注刷手机，未能妥善看管随身携带的拉杆箱，导致其滚落砸伤沈阿婆，造成严重后果。这一事件不仅给受害者带来了巨大的身心痛苦，也给小李及其家庭带来了沉重的经济负担。

小李虽然是限制民事行为能力人，但以他的年龄、身份、智力应当能够预见拉杆箱在自动扶梯上滚落的严重后果，然而他却因疏忽未看管好拉杆箱。沈阿婆的人身损害与小李的过错之间存在因果关系，小李对原告沈阿婆构成侵权，应由小李的监护人承担相应的赔偿责任。

这一案例反映出未成年人在公共场所活动过程中安全意识、规则意识的缺乏，为未成年人出行安全敲响了警钟。

法官提醒： 未成年人在公共场所，尤其是乘坐扶梯、上下楼梯、过马路时，务必集中注意力，确保自身与他人安全；携带拉杆箱、背包等物品时，需全程妥善保管，避免物品滑落伤及他人。家长应加强对未成年子女的安全教育，培养子女文明出行的习惯。若因自身过错造成他人损害，行为人及其监护人需依法承担侵权责任。请注意，"低头族"会给自己和他人带来严重的安全隐患。希望大家共同营造安全、文明的公共环境，切莫因"小疏忽"付出"大代价"。

 **法治小黑板**

不小心伤人了，要承担什么责任？

行为人因过错侵害他人民事权益，应当承担侵权责任。换句话说，如果一个人因为自己的过错（故意或过

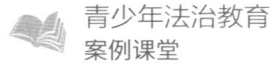
失）导致他人受到损害（比如人身伤害或财产损失），就应当承担法律责任。

从法律上讲，认定是否构成侵权要看四个关键条件：侵权行为，也就是做了不该做的事，比如打伤人、损坏别人的财物；损害后果，对方确实遭到了人身或财产损失，比如产生了医药费或财物受损；主观过错，行为人是故意的或者存在过失；因果关系，损害结果是由侵权人的行为直接造成的。

那么，什么是法律上所说的"过错"呢？过错分两种：（1）"故意"是明知道自己的行为会伤害别人，还故意去做，比如故意砸坏别人的车；（2）"过失"则是本来应该预见到自己的行为可能造成损害，但因为疏忽大意没注意到，或者已经预见但轻信能够避免，比如开车看手机撞到人。判断是否有"过失"的标准，主要是行为人能不能预见到自己的行为可能造成损害，具体要根据他的年龄、智力、经验（比如小孩和成年人的判断力不同）、行为当时的环境和情况（比如夜间开车比白天更需谨慎）、行为的性质（比如拿危险物品要比普通物品更小心）等方面考虑。

受害人也有错，"我"可以免责吗？

根据《民法典》规定，被侵权人对同一损害的发生或者扩大有过错的，可以减轻侵权人的责任。

是否能够构成"过失相抵"的情形，应从主观和客观两方面进行考察。也就是说，受损人主观是否具有故意或者过失，客观上其行为与损害结果之间是否具有因果关系，行为对损害结果的发生或者扩大是否形成了助力。比如案例中的沈阿婆，如果本来可以避开滑落的拉杆箱，但自己也在刷手机未及时注意到，那么法院可能认定她对自己的损害也有一定的过错，则可以适用"过失相抵"，在一定程度上减轻小李的责任。当然，实际上，这个案例中的沈阿婆无论在时间还是空间上都无法避让小李的拉杆箱，其行为不存在过错，因此，沈阿婆的损失应当由小李全部承担。

"我"造成他人损害了，谁来赔？怎么赔？

法律规定，无民事行为能力人、限制民事行为能力人造成他人损害的，由监护人承担侵权责任。监护人尽到监护职责的，可以减轻其侵权责任；若无民事行为能力人、限制民事行为能力人有自己的财产（如压岁钱、继承所得），先从本人财产中支付赔偿费用，不足部分由监护人补足。

由谁负责赔？ 未成年人如果造成他人损害（比如打伤人、损坏他人财物），由监护人（通常是父母）承担赔

211

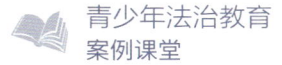
偿责任。因为未成年人通常没有经济能力，而监护人有责任管教孩子，防止他们作出危害他人的行为。

用谁的财产赔？ 未成年人造成的损害由监护人赔偿，但如果监护人能证明自己已经尽到监管责任，则可以适当减轻责任。未成年人有自己的财产，先用未成年人自己的财产赔偿，不够的部分再由监护人补足。

 **锦囊妙方**

如何预防未成年人在公共场所过失侵权？

青少年：树立高度安全意识。在人员密集的公共场所独自搭乘自动扶梯或骑行时，未成年人应当严格遵守相关法律法规，保管好携带的物品，不乱触碰安全设施，遵守公共秩序，避免因看手机、戴耳机等行为带来安全隐患。

家长：切实履行监护职责。父母家长应落实《未成年人保护法》中关于"家庭保护"的法定要求，在日常生活中，注重培养未成年人遵纪守法的行为习惯，对他们进行安全教育，引导他们文明出行，遵守交通规则和乘梯规则，保护自身与他人人身和财产安全。当未成年人造成他人损害时，家长还需承担侵权责任。

学校：加强安全法治教育。学校也应当贯彻落实《未成年人保护法》中关于"学校保护"的一系列要求，从多层面、多角度树立学生安全意识和法治意识，预防侵权行为的发生。一方面要培养未成年人的自我保护意识，帮助他们辨别和注意可能发生的危险；另一方面要培养他们的公共安全意识，提前预判自身行为可能引发的后果，避免对他人造成损害。

 ## 法条链接

《中华人民共和国民法典》

第一千一百六十五条　行为人因过错侵害他人民事权益造成损害的，应当承担侵权责任。

依照法律规定推定行为人有过错，其不能证明自己没有过错的，应当承担侵权责任。

第一千一百七十三条　被侵权人对同一损害的发生或者扩大有过错的，可以减轻侵权人的责任。

（本案例素材由上海市静安区人民法院提供）

24. 从天而降的花盆剪刀

案例故事

　　高中生小明处于叛逆期，和父母关系紧张，面对父母的"唠叨"总感到非常厌烦：心情好时置之不理，心情不好时则会言语相争，心情差到极点时甚至对父母拳脚相向。父母也觉得和小明沟通很吃力，尽量对他"顺毛捋"，不与他争吵，但日常生活中仍然难免产生摩擦。

　　这天，小明拿着期末考试卷子，拖着沉重的步子回了家。糟糕的考试成绩，让他在学校一整天都非常烦闷。"我明明已经努力了，为何没有得到应有的回报？"小明接受不了这个结果，刚打开家门就想回房间一个人静一静。可父母早就等候多时，上来对小明又是关心又是询问，给小明原本就烦躁的心情火上浇油。当知道小明的成绩后，父母失望地批评了小明，并没收了他的手机。

被批评的小明心想："我都努力过了，凭什么还要没收我的手机……既然是爸妈先不讲道理，那我也要对他们的'爱好'出手！"一时间，他被无处发泄的怒火冲昏了头，脚用力一蹬，向前跑去。父母以为小明又要动手，正准备闪躲，却发现小明冲向阳台。他抄起父母平日养护盆栽用的园艺剪刀、铁皮壶、花盆、玻璃瓶，往阳台外抛了下去。

小明家住五楼，阳台下方就是住宅楼的进出口，如果当时有人经过被砸中，必定非死即伤，所幸这些物品没有造成人员伤亡，但还是砸坏了停在楼下的汽车，造成了近万元的财产损失。

法院审理认为，小明从高空抛掷物品，情节严重，已构成高空抛物罪。但小明系未成年人，到案后如实供述，认罪认罚，并自愿赔偿被害人的全部经济损失并取得谅解。法院酌情考虑这些从轻、从宽的情节，最终对其判处拘役，适用缓刑，并处罚金。

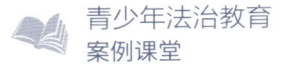
我们一起来思考

1. 你是否曾从高处抛掷物品？是否遇到过他人高空抛物的情况？

2. 高空抛物行为会给公共安全带来哪些隐患？

3. 你认为可以用哪些方法防止高空抛物行为的发生？

 法官说法

在我们的日常生活中，高空抛物绝非可以忽视的日常小事，而是触碰法律底线的危险行为。就拿小明的案例来说，考试失利让他心情跌入谷底，在情绪失控的一刻，他丧失了理智，冲动地从五楼阳台抛下了园艺剪刀、花盆等物品。这些从天而降的物品，如一颗颗炸弹，瞬间打破了楼下的平静，导致他人的车辆损毁，财产损失近万元。最终，小明被法院以高空抛物罪判处刑罚。

高空抛物可谓"空中杀手"，危害性极大。也许有人认为，随手扔出窗外的东西本身很轻，应该不会砸伤人，但事实并非如此。一个60克的鸡蛋从十楼自由落下，落地速度可达24米/秒，撞击人体（尤其是头部等脆弱部位）时，冲击力可能超过人体耐受极限，导致骨折、内脏损伤甚至颅内出血等严重后果。

需要特别强调的是，高空抛物罪属于"行为犯"。也就是说，只要当事人的行为存在足以危害公共安全的可能性，即便未造成实际损害，也构成犯罪。想象一下，如果小明抛掷的剪刀或花盆击中了路过的行人，后果不堪设想。如果造成了人员重伤或者死亡，小明很可能还会构成过失致人重伤或者过失致人死亡等罪，面临的将是更为严厉的法律制裁。

法官提醒：高空抛物具有极大的社会危害性，实施高空抛物行为可能被追究刑事责任。请勿抱有侥幸心理，情绪管理能力不足绝不能成为违法犯罪的理由。未成年人切不可任性胡为，遇到情绪问题要通过合理的方式来宣泄，千万不要用高空抛物这种危险行为来发泄情绪。冲动好似魔鬼，容易蒙蔽理智；法律则是红线，不可肆意逾越。未成年人务必严守法律底线，凡事三思而后行。

 法治小黑板

高空抛物罪这个罪名是怎么来的？

高空抛物罪是《刑法修正案（十一）》的新增罪

名。《刑法》规定，从建筑物或者其他高空抛掷物品，情节严重的，构成高空抛物罪，处一年以下有期徒刑、拘役或者管制，并处或者单处罚金。近年来，城市日趋繁荣，高楼大厦日益增多，高楼抛物、坠物现象也不断发生，一些人安全意识淡薄，有的因为家庭矛盾向楼下随意抛物，有的酒后发泄不满情绪向外抛物，有的贪图方便将垃圾从家里直接抛出，这些行为严重危害公众安全，极易造成人身伤亡和财产损失。为保障人民群众安居乐业，增强人民群众幸福感、安全感，促进社会和谐稳定，立法机关积极回应社会关切，与有关部门反复研究，将高空抛物行为单独规定为犯罪。

什么样的行为构成高空抛物罪？

构成高空抛物罪，首先需要存在从建筑物或者其他高空抛掷物品的行为。所谓"抛掷"主要有两方面的含义：一是行为人对"抛掷"行为明显存在故意；二是行为人在实施行为时处于一种主动状态，人为地对物品施加外部力量。如果是过失导致物品掉落，或者不是行为人施加的力量，就不符合"抛掷"行为的要求，从而也就不构成高空抛物罪。也就是说，"抛掷"是一种行为人可以认识到的、主动实施的行为。

如果是过失导致物品从高空坠落，致人重伤，符合

《刑法》第 233 条规定的，应当依照过失致人重伤罪定罪处罚。例如，一名施工人员在高空施工过程中不慎将铁榔头掉下，致一人重伤，则构成过失致人重伤罪，不构成高空抛物罪。

另外，故意"抛掷"的行为应当达到情节严重的程度。因为《刑法》规定，情节显著轻微，危害不大的，不认为是犯罪。在年龄上，行为人已满 16 周岁的，就可以达到高空抛物罪的刑事责任年龄要求。

高空抛物行为除了刑事责任，还可能承担什么责任？

根据我国法律的规定，高空抛物行为除了可能会涉及刑事犯罪外，也可能会导致民事侵权责任。《民法典》规定，禁止从建筑物中抛掷物品。从建筑物中抛掷物品或者从建筑物上坠落的物品造成他人损害的，由侵权人依法承担侵权责任；经调查难以确定具体侵权人的，除能够证明自己不是侵权人的外，由可能加害的建筑物使用人给予补偿。可能加害的建筑物使用人补偿后，有权向侵权人追偿。

不要以为实施高空抛物行为难以被发现，就可能不用承担赔偿责任。在难以确定具体侵权人时，被认定可能实施加害行为的建筑物使用人都要对被害人给予补

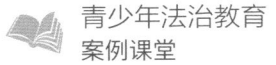
偿，除非能证明自己不是侵权人。给予补偿之后，若其他负责人能找到高空抛物的行为人，有权向行为人追偿。

《民法典》作出这一规定的目的是从法律层面根治高空抛物这一城市陋习，让高空抛物无所遁形，还老百姓头顶上的安全。

 **锦囊妙方**

如何消除高空抛物这一"悬在城市上空的痛"？

青少年：树立安全意识，做好防范措施。要知道自己随手抛出的物品，可能成为伤害他人的"凶器"。未成年人应树立"高空抛物＝违法犯罪"的法律底线思维。在日常生活中切勿从高空向外扔任何东西；要做好防护措施，特别是在台风、暴雨等恶劣天气来临时，收起阳台、窗台上的物品，防止坠落事故的发生；路过高楼时，也要注意自身头顶的安全，保持安全距离。

家长：注重言传身教，加强安全教育。父母要以身作则，自己首先要遵守法律法规，坚决不实施高空抛物行为，给子女做榜样和表率；要加强安全教育，向孩子讲明高空坠物的危害，树立孩子的安全意识并培养其社会公德；关注和约束孩子的行为，制止孩子在阳台、窗边玩弄危险物品或者进行可能导致物品掉落的行为。当孩子有高空抛物倾向时，及时纠正并教育。同时，父母还要引导孩子保护好自己。

管理者：做好安全保障，防范高空抛物风险。物业公司作为建筑物的管理者，应充分预估高空抛物、坠物的可能性，做好相应的安全保障措施，尽到安全保障义务；在发生高空抛物、坠物致损的事件后，应立即报警并注重现场证据的留存，积极配合警方进行调查；同时还应当进行日常宣传，防患于未然，提升居民的高空安全意识。

 法条链接

《中华人民共和国刑法》

第二百九十一条之二　从建筑物或者其他高空抛掷物品，情节严重的，处一年以下有期徒刑、拘役或者管制，并处或者单处罚金。

有前款行为，同时构成其他犯罪的，依照处罚较重的规定定罪处罚。

《中华人民共和国民法典》

第一千二百五十四条　禁止从建筑物中抛掷物品。

从建筑物中抛掷物品或者从建筑物上坠落的物品造成他人损害的，由侵权人依法承担侵权责任；经调查难以确定具体侵权人的，除能够证明自己不是侵权人的外，由可能加害的建筑物使用人给予补偿。可能加害的建筑物使用人补偿后，有权向侵权人追偿。

物业服务企业等建筑物管理人应当采取必要的安全保障措施防止前款规定情形的发生；未采取必要的安全保障措施的，应当依法承担未履行安全保障义务的侵权责任。

发生本条第一款规定的情形的，公安等机关应当依法及时调查，查清责任人。

（本案例素材由上海市浦东新区人民法院提供）

25. 在"鬼屋"被吓倒怪"鬼"吗?

 案例故事

14岁的中学生小范与同学到"鬼屋"进行游戏体验。进入"鬼屋"前,工作人员登记了小范和同学的姓名、年龄,还要求他们填写了免责声明书。为了能尽快入场,小范和同学按照工作人员的指示快速地勾选免责声明书上的格式条款,包括"已成年"这一条。

和同学一起步入阴森恐怖的"鬼屋",原本只是好奇的小范开始惴惴不安,害怕阴暗的角落里突然爬出一个黑影,或者天花板上突然掉下可怕的蜘蛛……一行人一边摸索一边前进,相互加油打气。正在这时,伴随着阵阵鬼

怪的尖叫声，前方突然奔出一个吊着长舌戴着高帽的白衣"鬼"。同学们"哇"的一声四散逃开，小范被吓得脑袋嗡嗡发响，下意识拔腿就跑，丝毫没有意识到"我是谁，我在哪儿，我要干什么"。突然，小范觉得头上一凉，只听"哐当"一声，好像被什么击中，随后便倒在了地上。晕晕乎乎中，小范被身边的同学拉了起来，此时他才感觉到额头疼痛剧烈、血流不止，意识到自己在黑暗中奔跑时撞上了金属道具。随后，小范被紧急送往医院，额头缝了十多针。

在这之后小范将"鬼屋"管理人告上法庭，要求"鬼屋"管理人承担侵权赔偿责任。"鬼屋"管理人辩称，"鬼屋"项目已到文旅部门登记备案，不存在需要禁止未成年人体验的情况；小范的年龄段已经具备了对此类游戏的认知能力，对自身安全具有注意义务；"鬼屋"内有安全保护措施；小范受伤后，工作人员在第一时间陪同就医并垫付医疗费用。因此，"鬼屋"已经在合理范围内尽到了安全保障义务，不应承担赔偿责任。

法院审理认为，"鬼屋"管理人明知小范仅有 14 岁且无监护人陪同，不仅未尽合理注意义务，反而要求小范签署免责声明书，存在过错。小范签署的免责声明书虽然无效，但他在免责声明书中勾选"已成年"，游玩"鬼屋"项目没有如实告知家长，更没有取得他们的同意。因此，小范及其监护人对损害的发生亦有过错。根据双方的过错程度，法院确定"鬼屋"方承担70%责任，小范一方承担30%责任。

我们一起来思考

1.在尝试新奇刺激的活动前，你需要提前了解或者准备什么，才能既享受乐趣又避免意外？

2.面对未知的刺激场景，除了场地的提示说明，你还需要主动关注哪些潜在的风险？

3.若娱乐场所经营者让你签署免责声明，你会怎么做？

 法官说法

类似小范这样的未成年人，身心发育尚未成熟，对自身行为的认知和判断存在局限，需要全社会对其给予特殊保护。本案中，"鬼屋"作为经营场所，经营者对顾客负有安全保障义务，需要特别关注未成年人等特殊群体的安全。"鬼屋"在免责声明书中要求未成年玩家在成人陪同下进行游戏体验，还表示会向未成年玩家提供头盔等防具，说明其知晓未成年人需要特别保护。然而，

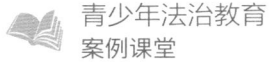
"鬼屋"在明知小范是未成年人且无监护人陪同的情况下，仍允许其参与游戏，并企图以小范签署免责声明来逃避责任，这种行为明显违反了法律规定。

同时，虽然小范签署的免责声明是无效的，但他谎称自己已经成年，并且未告知家长便参加危险活动，其自身对于所受的伤害也存在一定的过错。因此，法院综合考虑双方的过错程度作出了这样的判决。

未成年人树立正确的价值观、增强安全意识、遵守行为规范至关重要，直接影响着他们在社会活动中的行为表现和自我保护能力。每个人都应当认识到，自己才是安全的"第一责任人"，即使是未成年人也不例外。

法官提醒：经营场所在追求经济效益的同时，必须将消费者的安全放在首位，尤其是面对未成年人这一特殊群体，更要严格履行安全保障义务，不能利用免责声明来规避责任。而对于未成年人及其监护人来说，加强安全意识和诚信意识的培养至关重要，在参与各类活动时，务必充分考量风险，谨慎作出选择，避免类似的悲剧再次发生。

 **法治小黑板**

未成年人的免责声明有效吗？

未成年人签署的免责声明通常是无效的。根据《民法典》规定，8 周岁以下的未成年人是无民事行为能力人，其实施的民事法律行为无效，不具备签署免责声明的民事行为能力。而 8 周岁以上的未成年人是限制民事行为能力人，他们可以实施符合年龄、智力水平的部分民事行为，其他的民事法律行为需经法定代理人同意或者追认后才有效。如免责声明这类对未成年人人身、财产权利有较大影响的民事法律行为，若没有得到法定代理人同意或追认，未成年人自行签署的免责声明应属无效。

《民法典》同样规定，合同中造成对方人身损害的免责条款无效。经营场所的经营者对消费者负有安全保障义务，不能通过免责声明来免除自身因过错导致消费者人身损害的责任。在本案中，"鬼屋"经营者要求小范签署的免责声明，排除己方责任，违反安全保障义务，应属无效。社会对未成年人有更高的保护标准，经营场所不能以未成年人签署免责声明为由，减轻或免除自身应尽的责任。不过，16 周岁以上不满 18 周岁的未成年人，

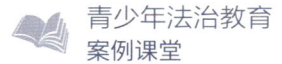
以自己的劳动收入为主要生活来源的，视为完全民事行为能力人，他们签署的免责声明，若符合法律规定的有效要件，则具有法律效力。

法律如何规定娱乐场所的安全保障义务？

根据《民法典》第 1198 条的规定，宾馆、商场、银行、车站、机场、体育场馆、娱乐场所等经营场所、公共场所的经营者、管理者或者群众性活动的组织者，未尽到安全保障义务，造成他人损害的，应当承担侵权责任。

因第三人的行为造成他人损害的，由第三人承担侵权责任；经营者、管理者或者组织者未尽到安全保障义务的，承担相应的补充责任；经营者、管理者或者组织者承担补充责任后，可以向第三人追偿。

值得注意的是，未成年人心智发育未成熟，认知和自我保护能力较弱，理应受到特别保护，以上场所对未成年人的安全保障义务应采用更高标准。

尤其需要强调的是，有一些经营性娱乐场所是未成年人不应踏足的。比如营业性歌舞娱乐场所、酒吧、互联网上网服务营业场所等，这些场所人员构成复杂、不良信息泛滥，不适宜未成年人身心发育，容易影响未成年人身心健康，因此，法律规定这些场所禁止未成年人进入。游艺娱乐场所设置的电子游戏设备，除国家法定节假日外，也不得向未成年人提供。经营者应当严格遵守法律规定，不得为追求经济利益擅自接待未成年人，应当在显著位置设置未成年人禁入、限入标志；对难以判明是不是未成年人的，应当核实身份证件。涉及"鬼屋"元素的娱乐场所，常通过营造恐怖场景、音效、互动情节等营造紧张刺激的氛围，突然出现的恐怖元素可能超出未成年人的心理承受能力，场所内昏暗的光线和复杂的通道也会增加安全事故风险。这类场所的经营者更要注意可能存在的安全隐患，向未成年人做好告知、提示工作，并为其提供充分的安全保障。

 **锦囊妙方**

如何全方位守护青少年参与娱乐活动时的安全？

经营者：更高标准落实保护。保护未成年人是社会共同的责任。经营者应当将未成年人安全作为经营价值的核心，以防患于未然的前瞻性思维构建保护体系，主动承担社会责任。事后的赔偿仅是一种弥补，相比之下，事前的预防更为重要。娱乐场所经营者应当建立更完善的安全标准，针对未成年人确立更高的保护措施，

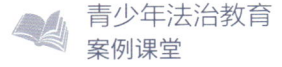

保障他们在参与此类活动时的安全。

职能部门： 严格执法加强监管。文旅、市场监管部门应增加对娱乐场所经营项目的日常监督检查频率，不仅要关注项目是否合规、是否备案，更要深入检查其实际运营中的安全保障措施是否真正落实到位，尤其是"鬼屋"这类具有一定风险性的娱乐项目，应及时发现并纠正可能存在的安全隐患，避免受伤事件的发生。此外，还应面向经营场所开展法律培训和宣传，强化责任意识。

监护人： 夯实教育守好防线。监护人应主动了解孩子课余生活和社交活动，清楚孩子与谁交往、参与何种娱乐项目，防止孩子私自参与危险活动；应引导孩子树立诚实守信的价值观，与孩子建立相互信任的亲子关系，让孩子在作出涉及个人信息、身心安全、权利义务的决策及参与相关活动前愿意向监护人如实告知，不对监护人隐瞒欺骗；在日常生活中向孩子传授必要的安全知识，培养安全意识，避免出现类似风险。

 **法条链接**

《中华人民共和国民法典》

第五百零六条 合同中的下列免责条款无效：

（一）造成对方人身损害的；

（二）因故意或者重大过失造成对方财产损失的。

第一千一百七十三条　被侵权人对同一损害的发生或者扩大有过错的，可以减轻侵权人的责任。

《中华人民共和国未成年人保护法》

第五十八条　学校、幼儿园周边不得设置营业性娱乐场所、酒吧、互联网上网服务营业场所等不适宜未成年人活动的场所。营业性歌舞娱乐场所、酒吧、互联网上网服务营业场所等不适宜未成年人活动场所的经营者，不得允许未成年人进入；游艺娱乐场所设置的电子游戏设备，除国家法定节假日外，不得向未成年人提供。经营者应当在显著位置设置未成年人禁入、限入标志；对难以判明是否是未成年人的，应当要求其出示身份证件。

（本案例素材由上海市黄浦区人民法院提供）

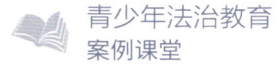
26. 牵狗绳不是风筝线

案例故事

"我带着小狗一起出来散步，还特意给它戴了牵狗绳，虽然它跑得有点快，但对方是因为自己害怕摔倒的，这种情况我也要赔偿?"开庭时，狗主人高女士提出了自己的疑惑。牵好狗绳出门遛狗，为何还会成为被告? 这还得从头说起。

高女士家中养了一只可爱的小泰迪，毛色十分漂亮，性格也活泼好动，很讨人喜欢。怕小狗待在家里太闷，高女士每天都要带它出去遛两次。高女士也了解养犬规定，因此每次遛狗，她都会牵着狗绳。

这天，高女士又给小

狗拴好狗绳，高高兴兴地散步去了。小狗一出门便异常兴奋，先是绕着高女士来来回回转了几圈，继而又往前跑去。见它跑得特别欢，高女士不禁将狗绳松了又松，以便给它更多的活动空间。小狗原本还被约束在高女士周围，可狗绳一长，两者之间的距离就拉大了。高女士眼看着小狗窜过了一个转角，自己也立马跟上。不料这时，刚好驾驶电瓶车路过的沈女士被突然窜出的小狗吓到，从电瓶车上摔了下来，当场身体多处骨折、关节脱位。经鉴定，沈女士构成十级伤残，并需要相应的休息期、营养期、护理期。

沈女士与高女士协商不成，遂将高女士告上法庭。

法院审理认为，饲养的动物致人损害，一般在追究责任时不考虑饲养人有无过错，但存在法定特殊情形时除外。事发时，高女士所持的牵引绳较长，犬只与高女士之间存在较大的间距，导致犬只先行进入道路。沈女士驾驶电瓶车经过时，突然察觉犬只而紧急制动，导致摔倒。沈女士的受伤与高女士爱犬的行为有因果关系，高女士未能举证证明沈女士存在故意或重大过失，故应对沈女士的合理损失承担全部赔偿责任。最终，法院判决高女士赔偿沈女士医疗费、护理费、残疾赔偿金、精神损害抚慰金等费用近 20 万元。

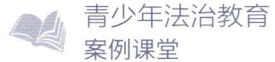
我们一起来思考

1. 宠物饲养人应当尽到哪些义务？

2. 生活中还有哪些看似"合规"却暗藏风险的养宠习惯？

3. 养宠人应当做好哪些措施预防对他人造成损害？

 法官说法

在饲养动物损害责任纠纷中，法律采用特殊的责任认定规则。《民法典》第 1245 条明确规定："饲养的动物造成他人损害的，动物饲养人或者管理人应当承担侵权责任；但是，能够证明损害是因被侵权人故意或者重大过失造成的，可以不承担或者减轻责任。"这意味着，只要饲养的动物造成他人损害，无论饲养人或管理人是否存在主观故意或过失，都需承担侵权责任，除非能举证证明对方存在故意或重大过失。本案中，狗主人高女士虽已给狗拴了牵狗绳，但因绳长失控导致犬只突然窜出惊吓驾驶电瓶车人，且未能提供证据证明对方存在故意或重大过失，因此必须为其管理疏忽导致的损害后果买单，最终被判赔偿近 20 万元。这一判决结果明确传递出关键信息：牵狗绳长度需合理可控，若因疏忽导致安全隐患，即便符合"牵绳遛狗"的基本规范，也无法免除法律责任。司法实践中对"合理管理义务"的判定十分严格，牵绳不仅是形式要求，更是确保动物始终处于可控范围内。过长的牵引绳看似给予宠物自由，实质上却削弱了饲养人的风险控制能力，将他人置于潜在危险之中。

法律对饲养动物损害责任的严格界定，本质上是对公共安全的高度重视。在倡导文明养宠的今天，养宠自由必须以不损害他人安全为前提。唯有每一位养宠人切实履行管理责任，社会各方共同强化安全意识，才能真正实现人与动物和谐共处的美好愿景。

法官提醒：养宠人应当充分认识到，虽然饲养宠物是个人权利，但管住管好自己的宠物也是法定义务。养宠人应摒弃"牵绳即安全"的片面认知，根据环境和宠物习性调整牵引方式，主动规避可能引发他人恐慌或伤害的行为。在人流密集区域，养宠人更需缩短绳长，避免宠物突然奔跑、扑跳，同时为宠物佩戴嘴套，进一步降低意外风险。牵引绳牵着的不只是宠物，更是一份对他人的安全承诺。

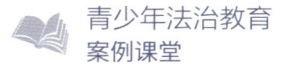
 **法治小黑板**

什么情况下构成饲养动物侵权责任?

法律规定,如果饲养的动物伤了人,只要符合下面这三个条件,主人就要承担责任,而且不管主人是不是故意的、有没有过失,都得负责。

动物导致他人损害。就是说,家里养的动物确实做出了伤人的行为。比如,养的狗把人咬伤了,养的猪把人拱伤了,养的鸟类把人啄伤了,这些都算。

有人受伤或者遭受损失。被害人身体受伤,或者因此遭受其他实际损失。

受伤是因为动物的行为导致的。值得一提的是,不是说非得被动物直接碰到、咬到才算,只要能证明是因为动物的行为导致被害人受伤或者遭受损失,就算存在因果关系。比如有人被突然窜出来的狗吓到,慌乱中摔倒受伤,哪怕没有直接接触,狗主人也得负责。

饲养动物致人损害的归责原则是什么?

确定一个人是不是要为侵权行为负责,一般有三种规则:一是过错责任原则(有错才担责);二是过错推定责任(先假定你有错,除非你能证明自己没错,否则就要负责）；三是无过错责任（不管有没有错都得负责）。

养的动物伤了人，适用的是无过错责任归责原则。之所以作出这样的安排，主要有以下三个原因：

首先，只有动物饲养人才能承担预防和避免动物侵权的义务。动物什么时候会伤人很难提前预料，但主人天天和动物待在一起，最有责任也最有机会防止动物伤人。比如狗突然咬人，主人没拉住，就得负责。

其次，根据"谁受益、谁担责"的权利义务一致原则，享受权益就要承担风险。养动物能带来幸福感，有的人养动物还能赚取经济利益，既然从养动物上得到了权益，那动物闯祸了，主人就得承担相应责任。

最后，动物饲养人或者管理人更了解动物的习性，更容易控制动物的危险。主人天天和动物相处，最清楚它的脾气和特点。比如知道猫爱抓人、狗爱扑人，就该提前预防。而相比较而言，被侵权人处于受害者和弱势的取证地位，往往是突然遭遇危险，很难证明自己没有错，所以法律就让动物饲养人来担责。

 **锦囊妙方**

如何避免养宠引发的安全问题？

青少年：文明养宠，注重防护。未成年人家中如果饲养宠物，应当注意合法合规养宠，在带宠物外出时，应当做好管理和防护，避免出现宠物伤人事件。同时，未成年人与宠物嬉戏时，也要注重个人防护，管理好自身安全，不随意逗弄或伤害动物，防止因动物失控引发伤害事件。

家长：规范行为，落实责任。家长应主动学习法律法规，规范自身养宠行为，遵守社会公德，成为未成年人的榜样；同时对家中未成年人进行教导，防止养宠给他人带来危险，造成伤害或干扰。当宠物出现扰民、伤人等情况，家长要主动承担责任，积极与他人沟通协商，妥善解决问题。

社会：做好防护，监督提醒。每个人都要做自身安全的第一责任人，增强安全意识，做好安全防护，遵守公共秩序，不随意逗弄动物，与动物保持安全距离。当发现不文明养宠行为时，可礼貌提醒，如对方不配合，可向管理部门反映，共同努力防范动物致害事件的发生，营造和谐的养宠环境。

 **法条链接**

《中华人民共和国民法典》

第一千二百四十五条 饲养的动物造成他人损害的，动物饲养人或者管理人应当承担侵权责任；但是，能够证明损害是因被侵权人故意或者重大过失造成的，可以不承担或者减轻责任。

第一千二百四十六条 违反管理规定，未对动物采取安全措施造成他人损害的，动物饲养人或者管理人应当承担侵权责任；但是，能够证明损害是因被侵权人故意造成的，可以减轻责任。

第一千二百四十七条 禁止饲养的烈性犬等危险动物造成他人损害的，动物饲养人或者管理人应当承担侵权责任。

第一千二百四十九条 遗弃、逃逸的动物在遗弃、逃逸期间造成他人损害的，由动物原饲养人或者管理人承担侵权责任。

第一千二百五十条 因第三人的过错致使动物造成他人损害的，被侵权人可以向动物饲养人或者管理人请求赔偿，也可以向第三人请求赔偿。动物饲养人或者管理人赔偿后，有权向第三人追偿。

第一千二百五十一条 饲养动物应当遵守法律法规，尊重社会公德，不得妨碍他人生活。

（本案例素材由上海市普陀区人民法院提供）

第六章

特别保护与求助通道

未成年人是身心发育尚未成熟的特殊群体，需要国家、社会、学校、家庭给予特别关注和保护。本章选取了毒品犯罪、性侵害、文身、消费侵权等六个涉及未成年人的案例，旨在引导未成年人增强辨别能力、增强自我保护意识，通过家校社协同育人，预防未成年人犯罪，保护未成年人合法权益。

27. 暗藏玄机的"电子烟"

 案例故事

刚满 16 岁的女孩小汤揣着初中毕业证站在了人生的十字路口。本该继续求学的她选择进入社会，在镇里的 KTV 当起了服务员。霓虹灯下的世界光怪陆离，她很快认识了自称"带货达人"的黄某和精通网络的任某。这些"朋友"总爱炫耀最新潮的玩意，直到某次聚会，他们拿出几支造型酷炫的电子烟……

"这可是现在最火的上头电子烟，新口味特别带劲!"黄某神秘兮兮地分发着烟弹。小汤注意到烟杆上没有任何标识，但碍于面子还是接了过来。第一口吸入时，刺喉的甜

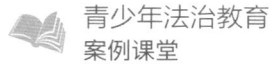
腻感让她咳嗽不止，可在几分钟后，小汤感受到了前所未有的亢奋。此后每周聚会，吸食这种"特制烟弹"成了固定项目。

三个月后，小汤发现自己的零花钱都花在了买烟弹上。每当毒瘾发作，就像有千万只蚂蚁在她的骨头里爬。此时黄某才吐露真相：烟弹里添加了依托咪酯——一种能摧毁神经系统的管制药物。为了持续满足毒瘾，三人决定"以贩养吸"：任某在暗网联系货源，黄某负责交易，小汤则跟着送货打掩护。一个多月后，公安民警在巡查中发现三人的犯罪线索，将三人抓获到案。民警当场查获 10 颗烟弹，经检测其中含有 1.41 克依托咪酯。

"我现在已经戒毒了，今后我再也不会接触毒品了。"在法庭上，小汤泪流满面，非常后悔当初的行为。

法院审理认为，被告人小汤与他人结伙贩卖依托咪酯，其行为已构成贩卖毒品罪，依法应予惩处。综合小汤犯罪时的年龄及在共同犯罪中起的作用，加上其到案后如实供述犯罪事实，法院最终以犯贩卖毒品罪，判处小汤有期徒刑并处罚金，同时责令其退赔违法所得，连同查获的违禁品均予以没收。

我们一起来思考

1.面对来路不明的饮料或食品，你会如何处理？

2.KTV 经营者是否能够招聘未成年人？

3.小汤因在 KTV 结识"潮友"走向了犯罪的道路，你认为在交友时应如何保护自己，避免受到不良影响？

 法官说法

本案中，小汤最初并未意识到看似新潮的电子烟会让她彻底上瘾，更不会想到她会为了这暗藏危险物质的电子烟走上犯罪道路。其实，令小汤"上头"的电子烟并非普通烟草制品，而是一种新型毒品，其中含有的依托咪酯作为医疗麻醉剂，具有致幻性、成瘾性及滥用危害，吸食后会使人产生强烈的兴奋、致幻等症状，过量吸食则会导致休克、窒息甚至猝死等后果，还可能诱发危害公共安全的事件，具有极大的社会危害性。

未成年人往往好奇心旺盛，但辨别能力、自控能力相对较弱，如果对毒品的危害性认识不足，就很容易放松警惕，落入毒品的圈套。毒品成瘾性强，滥用会对人

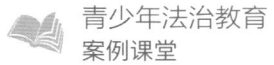

体的大脑和神经系统造成严重损害，长期不当摄入则可能导致行为失控，甚至引发自残、伤人或交通肇事等悲剧。不法分子还会利用新型毒品致人昏迷的特性实施性侵、抢劫等犯罪行为。此外，容留他人吸毒，走私、贩卖、运输、制造毒品等行为均构成刑事犯罪，将面临严厉惩处。本案中小汤就因为吸食上瘾，无力负担毒品开支，不得已走上"以贩养吸"的犯罪道路。

法官提醒：毒品犯罪中"不知情"等说辞并不是"免罪牌"，对异常物品的辨别多属于一般认知范畴，庭审时仅凭一句"不知道是毒品"的辩解很难被法庭采信。同时，代购毒品、转交毒资、借用账户收款等看似边缘的行为，均有可能被认定为共同犯罪。即便通过网络、虚拟货币等方式交易毒品，侦查机关仍可通过 IP 溯源定罪。千万莫存侥幸心理，一定要远离涉毒风险。

 ## 法治小黑板

生活中如何识别新型毒品？

一是观察物品形态。伪装毒品可能会被制成糖果、饮料、药片、奶茶、巧克力、跳跳糖、邮票、贴纸、电子烟、小树枝、干花等各种形式。如果遇到包装奇特、

来源不明的物品，一定要保持警惕。新型毒品的伪装形式不断更新，常见的伪装形式包括：

"奶茶""神仙水""开心水"：粉末或液体，包装类似常见饮品。

"邮票""贴纸"：含有麦角酸二乙酰胺（LSD）等成分，通过舌下含服。

"聪明药"：如哌甲酯、莫达非尼等，伪装成提神药物。

"助眠药"：如尼美西泮，伪装成安眠药。

"阿拉伯茶"：外形类似茶叶或青菜，含有兴奋物质。

二是留意异常气味。部分毒品会有特殊的刺鼻气味或不寻常的香味，如果闻到不明来源的异常气味，需多加留意。

三是注意他人行为。如果发现有人无故兴奋、精神恍惚、言语不清或过度活跃，应警惕其可能受到毒品的影响。

哪些场所限制未成年人进入？

《未成年人保护法》第58条明确规定，营业性歌舞娱乐场所、酒吧、互联网上网服务经营场所等不适宜未成年人活动场所的经营者，不得允许未成年人进入；游

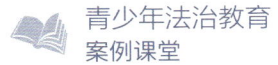
艺娱乐场所设置的电子游戏设备，除国家法定节假日外，不得向未成年人提供。具体而言，营业性歌舞娱乐场所主要包括 KTV、迪厅、慢摇吧等；互联网上网服务经营场所主要包括网吧、网咖、电竞酒店等；游艺娱乐场所则主要包括游戏厅、棋牌室、台球厅等，上述娱乐场所仅在国家法定节假日向未成年人开放。

KTV、酒吧等娱乐场所内通常灯光比较昏暗，人员复杂，常有抽烟喝酒等现象，未成年人易受不良影响。值得注意的是，KTV、酒吧等娱乐场所是未成年人犯罪案件多发地，本案中的小汤就是在 KTV 上班时染上了新型毒品，这也是法律作出禁止性规定的重要考量。

此外，《未成年人保护法》第 61 条明确规定，营业性娱乐场所、酒吧、互联网上网服务营业场所等不适宜未成年人活动的场所不得招用已满 16 周岁的未成年人。本案中，县城 KTV 招用刚满 16 周岁的小汤属于违法行为，将面临罚款、警告、吊销营业执照等行政处罚。

锦囊妙方

如何筑牢未成年人"禁毒长城"？

青少年：远离特殊场所。本案中小汤因结交不良朋友，受引诱吸食毒品进而走上贩卖毒品的犯罪道路。未成年人应避免进入 KTV、酒吧等场所，远离不良社交圈，选择积极健康的朋友圈，面对朋友或熟人的"推荐"或"劝说"，要学会拒绝。同时，丰富课余生活，积极参与体育、文化、艺术等有益的活动，培养健康的兴趣爱好。

家长：做好行为表率。家长要密切关注孩子的情绪表达和行为表现，了解其社交状况。关注孩子是否有异常行为，如旷课、学习成绩突然下降、精神萎靡、情绪不稳定等。自身要杜绝吸毒和药物滥用，不轻信所谓"聪明药"等宣传，明确反对药物滥用，对子女不良行为进行必要约束，减少其接触毒品的机会。

娱乐场所：依法开展经营活动。娱乐场所经营者应当自觉遵守法律法规，依法开展经营活动。一方面，经营者应当在显著位置设置未成年人禁入标识，对难以判断年龄的应当要求其出示身份证件；对于家长携未成年人前来的，应当进行劝阻并拒绝未成年人入内。另一方面，营业性娱乐场所、酒吧、互联网上网服务场所经营者应当严格遵守用工规定，杜绝招用未成年人。

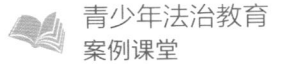
 法条链接

《中华人民共和国刑法》

第三百四十七条 走私、贩卖、运输、制造毒品，无论数量多少，都应当追究刑事责任，予以刑事处罚。

走私、贩卖、运输、制造毒品，有下列情形之一的，处十五年有期徒刑、无期徒刑或者死刑，并处没收财产：

（一）走私、贩卖、运输、制造鸦片一千克以上、海洛因或者甲基苯丙胺五十克以上或者其他毒品数量大的；

（二）走私、贩卖、运输、制造毒品集团的首要分子；

（三）武装掩护走私、贩卖、运输、制造毒品的；

（四）以暴力抗拒检查、拘留、逮捕，情节严重的；

（五）参与有组织的国际贩毒活动的。

......

利用、教唆未成年人走私、贩卖、运输、制造毒品，或者向未成年人出售毒品的，从重处罚。

对多次走私、贩卖、运输、制造毒品，未经处理的，毒品数量累计计算。

《中华人民共和国未成年人保护法》

第五十八条 学校、幼儿园周边不得设置营业性娱乐场所、酒吧、互联网上网服务营业场所等不适宜未成年人活动的场所。营业性歌舞娱乐场所、酒吧、互联网上网服务营业场所等不适宜未成年人活动场所的经营者，不得允许未成年人进入；游艺娱乐场所设置的电子游戏设备，除国家法定节假日外，不得向未成年人提供。经营者应当在显著位置设置未成年人禁入、限入标志；对难以判明是否是未成年人的，应当要求其出示身份证件。

第六十一条

......

营业性娱乐场所、酒吧、互联网上网服务营业场所等不适宜未成年人活动的场所不得招用已满十六周岁的未成年人。

......

（本案例素材由上海市静安区人民法院提供）

28. "免费送裙子"背后的陷阱

案例故事

在一个看似平常的春日午后，10岁的童童像往常一样在手机上刷短视频。突然，一个自称是"洛丽塔优秀创作者"的博主发来私信，上面写着："寻找小模特！免费送洛丽塔公主裙！"童童心动了，她按照提示添加了这个人为微信好友。

很快，对方通过了好友请求，并开始和童童聊天。他自称"阿杰"，是个时尚摄影师，

专门拍摄可爱的洛丽塔风格照片。阿杰告诉童童，只要她拍几张漂亮的照片给他，就能得到一条免费的洛丽塔公主裙。童童兴奋地答应了，但她没想到，这将是她噩梦的开始。

起初，阿杰只是要求童童拍一些普通的照片，但渐渐地，他的要求变得越来越过分，他开始让童童拍一些身体隐私部位的照片和视频，并威胁说如果不照做，就会把之前的照片发到网上。童童害怕极了，但又不敢告诉父母，只能照做。

直到有一天，童童父母发现此事，立刻报了警。

不久后，公安机关在阿杰就读的学校将其抓获，阿杰对自己的犯罪行为供认不讳。警方经过调查，发现阿杰是一名刚满 18 岁的在读学生，为了寻求刺激，通过短视频平台物色女童，以赠送洛丽塔裙子、招募小模特等为诱饵，猥亵了多名未满 14 周岁的女孩。

法院审理认为，被告人阿杰以寻求刺激为目的，通过网络多次诱骗多名女童按照其要求自拍身体隐私部位的照片和视频供其观看，情节恶劣，其行为已构成猥亵儿童罪，遂依法判处有期徒刑八年，并对扣押在案的作案工具手机一部予以没收。

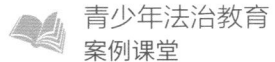
我们一起来思考

1. 如果网友以"送礼物"为由索要你的隐私照片,你会如何处理?

2. 为什么即使未满14周岁的女孩"自愿"配合,阿杰的行为仍构成犯罪?

3. 网络社交中,如何甄别有害信息并做好自我保护?

 法官说法

许多网络隔空猥亵受害者的遭遇和童童十分相似。他们可能会产生恐惧、羞耻、自责等负面情绪,在行为中承受着巨大的心理压力,甚至产生心理创伤或心理障碍,这些心理伤害甚至比身体伤害更加持久和难以治愈。

在不法分子的长期精神操控或压迫下,未成年人往往已经不再信任家长和学校,即使被猥亵,仍然倾向于选择独自面对。现实案例中,绝大部分未成年人遭遇隔空猥亵时,大多数是家长、老师发现后报案,只有极少数未成年人能主动向学校或家长寻求帮助。

那么,网络猥亵犯罪分子的常见手段都有哪些呢?

信任陷阱。一开始,犯罪分子可能以朋友的身份邀请未成年人打游戏，在游戏中进行角色扮演，在沟通相处中逐渐取得未成年被害人的信任。网络时代，青少年群体间常存在"线下冷漠"而"线上热络"的社交特点，而犯罪分子正是抓住这一心理特点，利用网络培育高浓度情感，唆使未成年被害人不信任自己的父母和"身边人"，从而落入犯罪分子设计的陷阱中。

伪造身份。犯罪分子经常冒充老师、医生或者"星探"等身份与被害人在线上进行聊天，以线上辅导生理知识或"体检"为由，要求被害人脱掉衣服暴露某些隐私部位进行"检查"。

精神胁迫。犯罪分子会和被害人进行内容露骨的"探讨"，在这个过程中，他会发自己或他人的裸照、视频，并保存聊天记录。在获取被害人的信任后，犯罪分子便逐步套取被害人家长或学校的联系方式、地址等身份信息，最后，以公开聊天记录或者扬言上门威胁等方式，强迫受害者提供隐私照片。

法官提醒：青少年在网络社交中应保持警惕，不要轻易相信陌生人的甜言蜜语，要保护好自己的个人隐私。身体是自己的，我们要爱惜和珍重，对任何侵犯自身权益、令自己感到不适的行为都要说"不"。若不幸遭受侵害，一定要及时告诉家长、老师或寻求警察的帮助，不要因为犯罪分子的威胁而沉默。

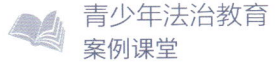

 **法治小黑板**

什么是隔空猥亵？

在一般理解中，猥亵行为需要现实的肢体接触。随着互联网的发展，如今猥亵行为也有可能隔空发生，即使未成年人足不出户，也有可能遭受隔空猥亵。

所谓隔空猥亵，是指行为人与受害人不同时处于同一空间，双方通过网络这一媒介相互联系，网络成为行为人实施犯罪行为的工具，使其可以在不直接接触受害人的情况下也能实施犯罪。

隔空猥亵的行为人往往通过 QQ、微信等网络平台认识未成年人，诱导或强迫其暴露隐私部位。从动机来看，犯罪分子实施网络猥亵行为多数是为了满足自己的变态心理。还有的犯罪分子把网络猥亵作为线下实施不法行为的铺垫，先在网络上攻破被害人的心理防线，掌握被害人的隐私，进而要挟被害人，并伺机进一步实施直接身体接触的侵害行为。还有一些犯罪分子把被害人的隐私部位照片或视频制作成影像资料，用于炫耀或非法牟利。

隔空猥亵中，犯罪分子尽管与受害者没有直接身体接触，但其危害性却不容忽视。一方面，此类犯罪行为具有很强的隐蔽性，往往不易被受害者家长察觉，且未成年人心智尚未成熟，甚至不知道自己正在遭受侵害，这往往导致犯罪行为持续时间较长。另一方面，隔空猥亵犯罪依托互联网平台，不法分子通常将相关图像、视频予以存储，甚至进行二次加工并向外传播扩散，从而对受害者造成持久伤害。

网络交友还有哪些陷阱？

你以为的"精神共鸣"可能是披着虚假外衣的骗子；你以为的"豪爽大方"可能是精心策划的骗局；你以为的"双向奔赴"可能是一厢情愿。

除隔空猥亵外，现实中还存在大量诈骗敛财类网络交友陷阱。不法分子往往通过"免费送皮肤""免费送金币"等手段诱导未成年人登录游戏，再以未成年人操作违规要扣钱的方式进一步诱导未成年人按照指示操作，最后将家长银行卡内的钱款转走；冒充公检法人员，称孩子或家长有犯罪嫌疑，利用未成年人对法律的敬畏和对家人的担忧，诱骗其转账；利用追星心理，以获取明星签名、礼物等为诱饵，让未成年人加入假粉丝群，再以刷礼物、打榜等名义进行敛财。

尽管在虚拟的网络世界中识别善意与恶意并不是一件容易的事，但通过冷静观察对方行为及态度，相信大家都能够准确地判断出谁是值得信赖的人。

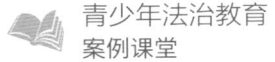
 **锦囊妙方**

怎样规避网上交友的套路陷阱?

青少年: 增强隐私保护意识。一方面应警惕社交陷阱,筑牢心理防线。未成年人应做到不随意添加陌生网友,对自称"老师""医生""明星经纪人"等特殊身份的人要通过官方渠道进行验证,避免轻信虚拟人设;严格遵守信息防护准则,不向陌生人透露家庭住址、学校名称、联系方式等真实信息;树立身体边界意识,坚决拒绝任何以"体检"或"教学"为名要求暴露隐私部位的行为。另一方面提升危机应对能力。未成年人要掌握取证存证技巧,在遇到威胁时,立即截屏保存聊天记录、转账信息等关键证据;若被勒索隐私信息,坚持"不听从、不沉默、不转账"原则,第一时间告知家长或报警;警惕诸如"互发照片才公平"之类的话术,认识到网络胁迫本质上是单方面的侵害行为,及时切断与陌生人的联系并寻求心理支持。

家长: 提升风险防范能力。家长应结合孩子的年龄特点采取合理方式引导未成年人树立正确的性别观念,增强自我保护意识与能力;加强与子女的沟通,定期了解其网络社交情况,共同制订"家庭上网公约",明确每日在线时长、禁止访问网站类型以及违规处理措施；通过角色扮演模拟"网友索要照片""陌生红包诱惑"等典型骗局，帮助孩子快速识别危险信号并掌握应对策略。

学校：强化网络安全教育。学校在防范学生遭受网络侵害中同样至关重要，应将网络安全教育融入课程体系，潜移默化提升学生自我保护意识；定期开展"网络危机处理模拟演练"，教授学生掌握不良信息举报及电子证据固定方法；设立网络安全联络员，通过匿名信箱收集学生遭遇的线上骚扰事件，并及时与法治副校长或警方沟通，形成高效沟通机制。

 法条链接

《中华人民共和国刑法》

第二百三十七条 以暴力、胁迫或者其他方法强制猥亵他人或者侮辱妇女的，处五年以下有期徒刑或者拘役。

......

猥亵儿童的，处五年以下有期徒刑；有下列情形之一的，处五年以上有期徒刑：

（一）猥亵儿童多人或者多次的；

（二）聚众猥亵儿童的，或者在公共场所当众猥亵儿

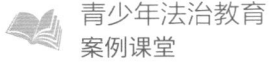

童，情节恶劣的；

（三）造成儿童伤害或者其他严重后果的；

（四）猥亵手段恶劣或者有其他恶劣情节的。

《最高人民法院、最高人民检察院关于办理强奸、猥亵未成年人刑事案件适用法律若干问题的解释》

第九条　胁迫、诱骗未成年人通过网络视频聊天或者发送视频、照片等方式，暴露身体隐私部位或者实施淫秽行为，符合刑法第二百三十七条规定的，以强制猥亵罪或者猥亵儿童罪定罪处罚。

胁迫、诱骗未成年人通过网络直播方式实施前款行为，同时符合刑法第二百三十七条、第三百六十五条的规定，构成强制猥亵罪、猥亵儿童罪、组织淫秽表演罪的，依照处罚较重的规定定罪处罚。

（本案例素材由上海市普陀区人民法院提供）

29. 被"刺痛"的青春该如何弥补？

 案例故事

2023 年 10 月，16 岁的小杜在某平台网站上联系到店主刘某表示想要文身。

"我还没想好……""没关系的，你先来店里看看！"文身店店主十分热情地接待了小杜，展示着各色图案以供其选择。为彰显个性，小杜选中了一款蜈蚣图案。

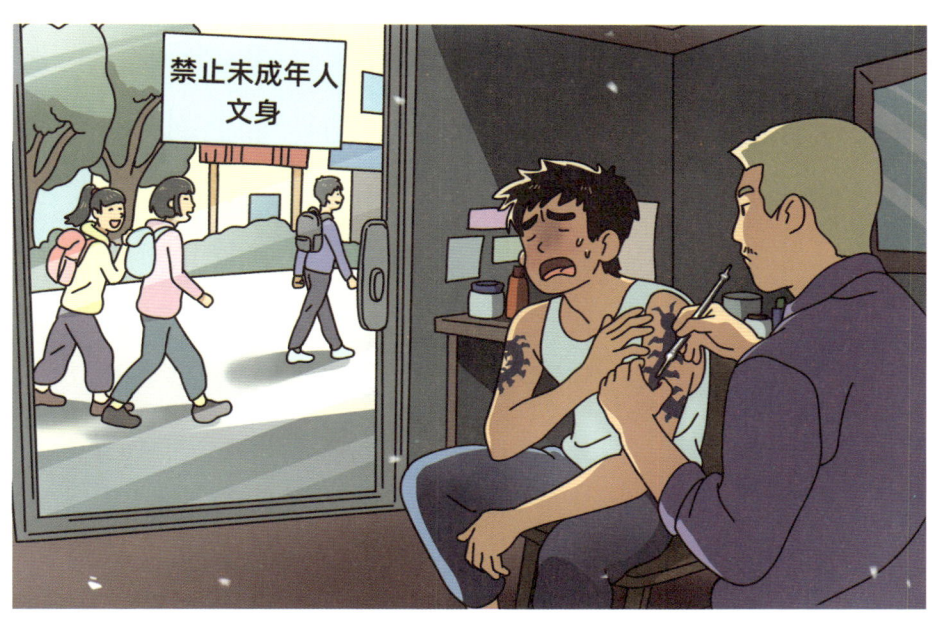

刘某在未核实小杜的年龄，也未得到其监护人同意的情况下，便为小杜进行了大面积文身，收取了文身费用1150元，长长的"蜈蚣"便在小杜的小臂和手背上安了家。

回家后，小杜满怀期待地照镜子，发现文在他手臂上的蜈蚣图案与效果图相差甚远，小杜开始后悔自己的冲动行为。

恰巧这时，小杜父亲下班回到家，被小杜胳膊上长长的蜈蚣图案吓了一跳！

"说，这是什么！"

"我……去店里文的……我也后悔了。"

"跟我走，去把它洗掉。"

于是，小杜和父亲又回到了文身店。

小杜父亲认为，小杜是未成年人，店主刘某不应该未经核对小杜的年龄就直接文身，所以希望刘某能够将文身费用退回，并负责清洗文身。可店主刘某却认为，自己只是开门做生意的，小杜文身是他自愿的，如果想将文身洗掉当然可以，不过需要另外付费。双方协商未果，于是小杜诉至法院，要求文身店退还文身费以及赔偿清洗文身费用。

法院审理认为，小杜现在16周岁，属于限制民事行为能力人，其年龄、智力状况、社会经验等尚不能判断文身行为对自己的身体和人格利益带来的损害和影响。文身店未核实小杜的年龄和身份，也未取得小杜父母同意，仅凭小杜自称的年龄来判断其为完全民事行为能力人，擅自进行文身服务，未尽到审慎义务，存在过错，应当承担相应的侵权责任。最终，经法院调解，双方达成协议：被告文身店退还原告小杜文身费，并支付文身清洗费 9000 元。

我们一起来思考

1. 如果身边的朋友邀请你去文身，你会怎么做？

2. 文身有哪些危害？

3. 明明是小杜主动要求文身，文身店为什么还要承担责任？

 法官说法

这起案例中，在店家的主动推销下，小杜一时冲动决定文身，而店家未核实小杜的年龄就提供了文身服务。表面上系双方的自愿交易行为，但实则小杜作为未成年人并没有决定文身的行为能力。小杜为其冲动承担

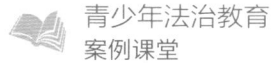
了身体疼痛的代价，店家也为自己的疏忽承担了赔偿责任。

2022 年 6 月 6 日，国务院未成年人保护工作领导小组办公室印发《未成年人文身治理工作办法》，对向未成年人提供文身服务作出了禁止性规定，即"任何企业、组织和个人不得向未成年人提供文身服务，不得胁迫、引诱、教唆未成年人文身"。未成年人作为无民事行为能力人或限制民事行为能力人，其认知水平、社会阅历等尚不足以准确评估文身行为对身心健康、人格利益、社会认同等方面产生的损害和影响。即便未成年人在接受文身服务时是自愿的，但因其无法准确预见行为后果，所以这种对身体处分的承诺在法律上也是无效的。文身店或文身服务提供者不能以未成年人自愿为由逃避责任。案例中，刘某在未核实小杜年龄、身份的情况下贸然提供文身服务，对小杜的身心健康造成不利影响，存在过错，应当承担相应法律责任。

法官提醒：未成年人文身，绝不是私事，也不是小事。在一些未成年人眼中，文身是彰显个性的方式，出于标新立异的心理前去文身，但文身过程卫生条件不达标、清洗文身的花费与疼痛又让很多人后悔莫及。文身，你是否真的想清楚了？不妨等到成年后再慎重地作决定吧。

 **法治小黑板**

未成年人文身危害知多少？

一些青春懵懂的未成年人，出于标新立异的心态而冲动地去文身，这会对其未来的生活带来意想不到的负面影响：（1）感染的风险：皮肤是人体的天然屏障，会排斥染料中的异物，引发过敏反应。消毒不好，还会导致皮肤伤口感染细菌、真菌，甚至得一些传染性疾病，如乙肝、艾滋病等。若从业文身师未经过专门的医疗培训，操作不规范，会使顾客皮肤受感染的风险更高。（2）祛除文身的成本与痛苦：文身用的色素一般都是作用在真皮层，是永久性的，因而祛除文身并不是一件容易的事情，不仅花费高昂，祛除时的疼痛也是难以忍受的。（3）可能影响未来就业：军队和部分公务员岗位均对文身有特殊要求，例如人民警察录用体检就将文身视为不合格指标。

未成年人自愿文身也不行吗？

《民法典》第19条规定："八周岁以上的未成年人为限制民事行为能力人，实施民事法律行为由其法定代理人代理或者经其法定代理人同意、追认；但是，可以独

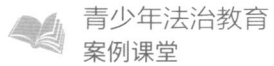

立实施纯获利益的民事法律行为或者与其年龄、智力相适应的民事法律行为。"

纯获利益是指不会遭受法律上的负担，即权利不受减损、义务不会增加。文身，又称刺青，是将可以留下永久标记的颜色物料注入皮肤并刻字或绘制图案，属于对身体的侵入式修饰行为，具有易感染、难复原、被标签化等特征。未成年人文身，不仅可能引发皮肤过敏、感染等问题，还可能影响未来求学就业，侵害未成年人的健康权、发展权等多项权益。因此，文身不利于未成年人的成长发展，对于未成年人而言不属于纯获利益的行为。而且，因为文身行为对个人的未来发展存在诸多负面影响，也不属于未成年人可以自主决定的范畴。因此，即便是未成年人自愿文身，也不属于有效的法律行为。

 **锦囊妙方**

避免青少年文身，应该怎么做？

青少年：保护身心不盲从。本案中，小杜因认为文身很酷而去尝试，但效果不如意，清洗文身不仅需要支付高昂费用，而且疼痛难忍。学生应当对文身有充分认识，增强自我保护意识，树立正确的价值观，认识到文身的危害以及对未来就业发展的限制。应积极参加文体活动、志愿服务和社会实践，培养健康的生活方式和兴趣爱好。

家长：教育引导不放任。家长是保护未成年人的第一责任人，应密切关注青春期子女行为以及内心变化，有针对性地进行沟通和疏导，通过言传身教，引导未成年人认识到文身对身心健康的危害，陪伴孩子参加有益身心健康的活动。当发现孩子产生文身意向时，家长应当及时劝阻。

商家：合法经营不违规。所有的文身服务提供者都应强化未成年人保护意识，切实做到：在显著位置标明不向未成年人提供服务；对难以辨明是否为未成年人的，应当要求其出示身份证件等；对于执意要文身的未成年人，应予以拒绝、劝导，必要时应联系其家长。如果违反规定向未成年人提供文身服务，将被依法追究法律责任。

 法条链接

《未成年人文身治理工作办法》

第三条　未成年人的父母或者其他监护人应当依法

履行监护职责，教育引导未成年人进行有益身心健康的活动，对未成年人产生文身动机和行为的，应当及时劝阻，不得放任未成年人文身。

第四条 任何企业、组织和个人不得向未成年人提供文身服务，不得胁迫、引诱、教唆未成年人文身。

第五条 文身服务提供者应当在显著位置标明不向未成年人提供文身服务。对难以判明是否是未成年人的，应当要求其出示身份证件。

（本案例素材由上海市金山区人民法院提供）

30. 停不下来的开盲盒

 案例故事

"身边同学都在玩，只要我抽到稀有卡大家都会围过来，特别有面子，越赢越兴奋，越输越不甘，不知不觉没几天就花掉好几千元，完全控制不住自己。"小王在法庭上懊悔地说道。

刚满 11 岁的小王平时一大爱好就是观看奥特曼影片和收集游戏卡片。由于每张游戏卡价值几元至十几元不等，所以起初并不会造成经济负担。

有一天，小王逛文具店，发现游戏卡竟然也出盲盒了！只能凭手气购买的不确定性给小王带来强烈的刺激体验，收集游戏

卡的乐趣也被无限放大，只要抽到稀有的隐藏款，就会被朋友称作"欧皇"（网络词，特指运气极好的玩家），这让他感觉特别有面子。不知不觉中，小王在短短几天内就花掉数千元，买了几千张盲盒卡片。小王的母亲张女士发现最近家里多了很多卡片，在不断追问下，小王终于向母亲坦白了这件事。

"同学们都说买卡不炫，等于白买。我太想当'欧皇'出一出风头了，不知不觉就买了这么多……"小王支支吾吾地说道。

张女士找到文具店老板，以小王系未成年人、大额消费无效为由要求退还全部款项。老板却说："你家孩子买的盲盒都已经拆掉，退款回收也没法再卖出去了，那我怎么办？不能退！"双方多次协商未达成一致意见，张女士遂诉至法院。

经过法院调解，综合考虑到商家在小王多次购买后也询问过钱款来源，尽到了一定的注意义务，且涉案商品系盲盒，开启后无再次销售价值，最终由商家向小王退还盈利部分。

我们一起来思考

1. 你有过在盲盒上大额消费的经历吗?

2. 未成年人大额消费的界限在哪里?

3. 如果你是小王,该怎么克服想当运气爆棚的"欧皇"的心理?

 法官说法

正如小王所说,"买卡不炫,等于白买"。很多未成年人不计成本、不惜代价去抽盲盒玩卡,其根本动因在于满足虚荣心。与荣誉感不同,虚荣心来自对表面荣耀和虚假认同的追求,不仅会让人逐渐迷失真实自我,还会让未成年人在欲望的操纵下陷入难以自拔的境地。

为规范盲盒经济,国家市场监督管理总局于 2023 年印发《盲盒经营行为规范指引(试行)》,重点从限制销售年龄、严格履行注意义务、设定防沉迷措施三方面,特别针对面向未成年人开展盲盒经营活动作出指引。一是限制销售年龄。经营者不得向未满 8 周岁未成年人销售盲盒。向未满 8 周岁未成年人销售盲盒的,其销售行为无效,经营者一方应向未成年方返还价款,同时未成年人一方应退回盲盒产品。二是严格履行注意义务。面向8周岁及以上未成年人销售盲盒，销售者应当依法确认已取得相关监护人的同意，盲盒经营者应当以显著方式提示8周岁以上未成年人购买盲盒需取得相关监护人同意。三是设定防沉迷措施。盲盒经营者应当采取有效措施防止未成年人沉迷，保护未成年人身心健康，禁止诱导未成年人冲动消费购买盲盒。

除了盲盒外，游戏充值、直播打赏等也是未成年人大额非理性消费的高发行为。未成年人充值转账行为的效力、钱款能否追回、维权方式也成为随之而来的重要问题。

法官提醒：开盲盒具有一定概率性，盲盒消费者和经营者对于特定盲盒中的标的物均不确定。这种不确定性容易诱发赌徒心理，而未成年人自控能力较薄弱，沉迷于开盲盒会对其消费观、价值观产生不良影响。记住，消费要有规划，拒绝盲目跟风，守护好自己的财产安全，才能让兴趣爱好真正持久并带来快乐。

 **法治小黑板**

未成年人大额消费究竟多少才算"大额"？

除了购买盲盒，近年来也出现了未成年人参与网络付费游戏或者在网络直播平台进行充值、打赏的情况。通常而言，根据《民法典》中关于自然人民事行为能力中年龄限制相关规定，8周岁以下未成年人独立实施的民事法律行为一律无效，平台与商家应予以退款。鉴于8周岁以上的限制民事行为能力人可以独立实施与其年龄、智力相适应的民事法律行为，实践中诸多类案的争议焦点在于未成年人大额消费中的金额是否与其年龄、智力相符。

关于未成年人"大额消费"的认定标准，目前我国法律尚未设定具体金额门槛，需要进行个案判断，具体可从未成年人的年龄认知水平、消费用途、家庭经济状况、交易场景等方面进行综合分析。通常而言，年龄越大，可独立支配的金额越高。在此基础上，还可进一步以本地上一年度人均可支配收入、家庭收入为标准衡量未成年人消费金额是否合理。本案中的小王短短数天就花费数千元购买盲盒，显然超过了他的认知能力范围，属于大额消费的范畴。

未成年人大额消费应如何追回？

未成年人大额消费后请求商家退款，可先通过和商家、平台客服或者消费者协会协商解决。若协商无果，可向法院提起诉讼，主张消费行为无效并要求返还钱

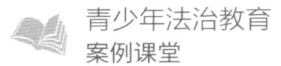
款。若选择通过诉讼解决，未成年人的监护人有责任提供证据对整个事实加以证明。

首先，监护人需收集监护人与未成年人的身份证明，以证明身份关系；其次，监护人应当收集支付凭证，如购物发票、扣款明细、线上订单截图等，以证明买卖关系及消费金额；再次，监护人需证明消费行为由未成年人独立实施，实际并未经过家长的同意，比如客服聊天记录中具有未成年人特点的语言、家庭监控录像、商家监控录像等；最后，监护人需证明该消费金额明显超出未成年人年龄、智力和家庭经济状况的合理范畴。

需要注意的是，尽管未成年人对财产的大额处分可能系无效民事法律行为，但有过错的一方应当赔偿对方由此所受到的损失，各方都有过错的应当各自承担相应的责任。因此，具体退款比例还须综合考虑损失金额、家长与经营者各自过错等因素予以确定。

 **锦囊妙方**

如何树立科学理性消费观念？

青少年：强化理性认知，抵御攀比诱惑。盲盒经济风潮席卷市场，从卡牌、文具到潮玩，盲盒的未知与刺激获得未成年人的追捧。集换等社交行为也在无形中强化了他们的攀比心理。然而，这场新潮的消费狂欢却可能对未成年人价值观和身心健康造成冲击。作为未成年消费者，一方面应培养合理的消费习惯，购买商品时应以实用性或适度娱乐为导向，而非单纯追求虚荣满足，避免因群体压力而过度支出；另一方面要理性分析商品实际价值与个人需求的关系，减少冲动消费，避免被即时快感绑架。

商家：严守法律底线，净化消费环境。经营者应严格遵守相关法律法规中关于未成年人保护的规定，对疑似未成年消费者，应主动核实年龄。若系线上消费等无法确认年龄的经营模式，应默认适用未成年人保护规则，自动启用消费限额措施。经营过程中，经营者须严格履行风险警示义务，禁止定向诱导，还应以显著方式标注商品性质，不得以"限量绝版"等话术诱导未成年人冲动消费。

家校：深化财商教育，共树理性消费观。家长应强化监护职责，加强对未成年人消费行为的监管，主动与孩子沟通盲盒营销机制，帮助孩子认清盲盒"情绪陷阱"，并通过制定家庭消费计划等方式，避免孩子出现攀比心理和冲动消费。学校可通过开设情景式消费课程、主题班会、辩论赛等，引导学生理性思考盲盒文化。

法条链接

《中华人民共和国民法典》

第十九条 八周岁以上的未成年人为限制民事行为能力人，实施民事法律行为由其法定代理人代理或者经其法定代理人同意、追认；但是，可以独立实施纯获利益的民事法律行为或者与其年龄、智力相适应的民事法律行为。

第二十条 不满八周岁的未成年人为无民事行为能力人，由其法定代理人代理实施民事法律行为。

第一百五十七条 民事法律行为无效、被撤销或者确定不发生效力后，行为人因该行为取得的财产，应当予以返还；不能返还或者没有必要返还的，应当折价补偿。有过错的一方应当赔偿对方由此所受到的损失；各方都有过错的，应当各自承担相应的责任。法律另有规定的，依照其规定。

《盲盒经营行为规范指引（试行）》

第二十三条 盲盒经营者不得向未满8周岁未成年人销售盲盒。向8周岁及以上未成年人销售盲盒商品，应当依法确认已取得相关监护人的同意。

盲盒经营者应当以显著方式提示8周岁及以上未成年人购买盲盒需取得相关监护人同意。

盲盒经营者应当采取有效措施防止未成年人沉迷，保护未成年人身心健康，在解决未成年人消费争议方面提供便利。

鼓励地方有关部门出台保护性措施，对小学校园周围的盲盒销售模式包括距离、内容等进行具体规范。

（本案例素材由上海市金山区人民法院提供）

31. 药品还是毒品？

 案例故事

正值美好的青春年华，两位年轻人蔡某和林某却因一念之差，陷入了贩卖毒品的泥潭，给自己的人生留下了难以抹去的污点。

蔡某是一名大学生，父母每月给他的生活费只够维持日常开销，远远不够他购买最新款的笔记本电脑，这该怎么办呢？

一次偶然的机会，蔡某发现了一个"商机"。这天，蔡某上网时了解到，某种国外的处方减肥药含有直接作用于中枢神经系统的违禁成分，大剂量使用可以使人兴奋并致幻，具有成瘾性。蔡某认为，减肥药的成瘾性恰恰意味着长期稳定的客户订单。为了尽快赚到钱，蔡某通过网络渠道购买了一些减肥胶囊，并在微信朋友圈和其他平台上转手高价销售。

打算大干一场的蔡某还询问他的室友林某是否愿意负责收发快递，两人一起赚钱。林某明知道这种药含有违禁成分，还是没有抵抗住每次 100 元的诱惑，抱着侥幸心理多次帮蔡某收发快递。

当蔡某通过微信与买家黄某达成交易，并由林某寄出快递时，公安民警在收货点当场缴获了 15 粒减肥胶囊。经检验，所缴获的减肥胶囊中含有大量芬特明、地西泮成分，这些均属于我国规定管制的精神药品，蔡某与林某的犯罪行为也浮出水面。

法院审理认为，蔡某和林某均构成贩卖毒品罪。蔡某在共同犯罪中起主要作用，系主犯，被判处拘役并处罚金；林某在共同犯罪中起次要作用，被认定为从犯，因情节轻微免予刑事处罚。

我们一起来思考

1. 蔡某卖"减肥药"，为何被认定为贩卖毒品？

2. 林某仅帮忙寄快递，为何也被认定为从犯？

3. 你知道毒品的危害有哪些？

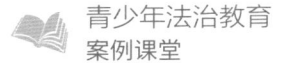
 法官说法

本案中，蔡某所售卖的"减肥药"实则含有我国严格管制的药物成分，这些受管制的成分在医生的处方下适当使用可以是良药，而过量使用就可能变成难以戒掉的毒品。

"毒品"这个词看似遥远，实际上很多毒品正披上各种形式的外衣悄悄出现在人们身边，"减肥药"就是其中一种。毒品不仅危害个人身心健康，更会破坏家庭幸福，影响社会和谐。因此，我国《刑法》对于走私、贩卖、运输、制造、非法持有毒品，容留他人吸毒等行为均规定了严厉的刑罚。

《刑法》第357条规定："本法所称的毒品，是指鸦片、海洛因、甲基苯丙胺（冰毒）、吗啡、大麻、可卡因以及国家规定管制的其他能够使人形成瘾癖的麻醉药品和精神药品。"这一法律定义虽简明扼要，但内涵丰富。那么国家规定管制的其他能够使人形成瘾癖的麻醉药品和精神药品又有哪些呢？

截至目前，我们国家法律规定严格管制的麻醉药品、精神药品以及非药用精麻药品总共500多种。从分类角度看，毒品主要分为传统毒品与合成毒品两大类。传统毒品如鸦片、吗啡、大麻、海洛因等，生产环节必须有农业种植的行为，并从原植物当中提取生物碱，再进行化学反应提纯。而合成毒品以冰毒、摇头丸、K粉为代表，这类毒品主要是由化学物质合成而来，相较于传统毒品，其化学原材料更容易取得，制造的工艺流程也相对简单。

法官提醒：使用与滥用仅一字之差，良药与毒品往往也只有一步之遥。要清醒地认识到，与吸食毒品一样，长期滥用药物也会产生很强的成瘾性和依赖性，不仅严重影响身心健康，甚至会使人走上违法犯罪道路。让我们一起对药物滥用说"不"，莫让治病良药变成害人毒品！

 **法治小黑板**

什么是贩卖毒品罪？

根据《刑法》第347条，贩卖毒品是指有偿转让毒品或者以贩卖为目的而非法收购毒品。有偿转让毒品，即行为人将毒品交付给对方，并从对方获取物质利益。

贩卖方式既可以是公开的，也能是秘密的；既可以是行为人请求对方购买，也可以是对方请求行为人转让；既可以是直接交付给对方，也可以是间接交付给对方。本案中，林某帮助蔡某用快递发货的形式即属于间接交付。在间接交付的场合，如果中间人认识到是毒品而帮助转交给买方的，则该中间人的行为也构成贩卖毒品罪。因此林某明知减肥药当中含有违禁成分仍代为收发快递，属于贩卖毒品罪的从犯。

此外，贩卖毒品罪的刑事责任年龄为 14 周岁以上。这意味着，只要年满 14 周岁的人实施贩卖毒品行为，就可能构成贩卖毒品罪，并承担相应的刑事责任。

未成年人涉毒有什么严重后果？

毒品不仅是破坏身心健康的头号"杀手"，更重要的是虽然身体对毒品的依赖可以通过戒毒所的康复训练来解除，但毒品对肌体和大脑所造成的损害却是不可逆转的。"一日吸毒，十年戒毒，终身想毒"的说法绝非危言耸听，戒毒后复吸率居高不下正是因为心瘾难除。

一旦涉嫌毒品犯罪，轻则面临拘役、罚金，重则可能被判处长期的徒刑乃至死刑。这不仅意味着未成年人将在监狱中度过青春甚至整个人生，还将终身背负着犯罪记录，严重影响未来的就业、社交和家庭生活。不可忽视的是，涉毒未成年人的家人也将承受巨大的压力。因吸毒神志不清损害他人人身或财产权益，监护人须直接承担经济赔偿责任；对于家庭成员来说，精神压力以及社会舆论的无形压力也是极其沉重的，他们在承受这些压力的同时，还要努力帮助涉毒未成年人戒除毒瘾，重返正轨。因此，无论吸毒还是贩毒，对家庭都是毁灭性的打击，一旦涉毒，全体家庭成员都将不可避免地陷入痛苦。

 **锦囊妙方**

如何预防青少年涉毒犯罪？

青少年：认清毒品"高压线"。现实中的毒贩并不容易辨认。他们往往都是以"知心朋友"的身份来靠近未成年人，利用好奇心来引诱未成年人吸毒。因此，青少年应对不明来源的食品、药品构筑心理防线，对陌生人提供的食品、饮料、玩具等保持高度警惕，拒绝接受不明来源的物品。在生活中，同学们可能会遇到各种"帮忙"的请求，如代购、代寄物品等。这些看似无害的请求背后，可能隐藏着不可告人的目的。因此，一旦发现可疑行为，应立即向警方报案，坚决拒绝代购、代寄不明物品的要求。

家长：当好禁毒"监督员"。家长要摒弃"毒品离孩子很远"的认识误区，提高警觉性并及时防范潜在的风

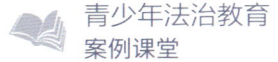
险；关注孩子日常购买的物品和交流对象，留意包裹的收寄情况，确保没有可疑物品进入家中。教育孩子了解毒品的相关法律知识是预防他们误入歧途的关键。家长可以通过与孩子一同学习真实的禁毒案例，关注抵制新型毒品等普法新闻，让孩子深刻认识到毒品的危害性。

学校：筑牢毒品"防火墙"。为营造一个安全、健康的校园环境，学校可以联合警方共同开展校园周边环境的排查工作，重点检查可疑包裹、违禁药品的流入途径，确保校园周边无毒品渗透。此外，学校还可以鼓励学生举报涉毒线索，但一定要严格保护举报人的隐私。

 法条链接

《中华人民共和国刑法》

第三百四十七条 走私、贩卖、运输、制造毒品，无论数量多少，都应当追究刑事责任，予以刑事处罚。

走私、贩卖、运输、制造毒品，有下列情形之一的，处十五年有期徒刑、无期徒刑或者死刑，并处没收财产：

（一）走私、贩卖、运输、制造鸦片一千克以上、海洛因或者甲基苯丙胺五十克以上或者其他毒品数量大的；

（二）走私、贩卖、运输、制造毒品集团的首要分子；

（三）武装掩护走私、贩卖、运输、制造毒品的；

（四）以暴力抗拒检查、拘留、逮捕，情节严重的；

（五）参与有组织的国际贩毒活动的。

……

利用、教唆未成年人走私、贩卖、运输、制造毒品，或者向未成年人出售毒品的，从重处罚。

对多次走私、贩卖、运输、制造毒品，未经处理的，毒品数量累计计算。

（本案例素材由上海市第二中级人民法院提供）

32. 我买的小狗好像有点怪

 案例故事

　　小艺一直梦想着养一只属于自己的宠物狗。某天，她刷到了某宠物店的推广视频，于是添加商家微信，就购买宠物狗事宜进行沟通。小艺表示，自己想购买一只白色软毛的西高地雄性犬。商家立刻发来狗狗视频。小艺一眼就相中视频中活泼可爱的小狗，她跟商家反复确认，商家表示出售的就是视频里这只白色纯种西高地立耳宠物狗。随后，小艺支付了3300元款项并承担了运输费用350元。

　　然而，收到心心念念的宠物狗后，小艺却觉得有些异样，小家伙

从毛色到外形都与视频中的狗狗不太一致，到家没两天，耳朵也由之前的立耳变为垂耳，还生病了，小艺为此支付了医疗费595元。更让她意外的是，不到两个月，狗狗的毛色竟渐渐从白变黄，样子也和视频中"完全两样"。小艺意识到自己上当了。

小艺就此和商家交涉，商家却百般推脱，一会儿说狗狗长大了样子自然会变，一会儿又说狗狗生病是小艺自己照顾不周，拒绝承担责任，后来索性拒绝沟通。小艺遂将商家告上法庭。

法院审理认为，商家承诺出售的犬种系白色西高地立耳，但实际交付的显然并非该品种的犬只，其行为已构成消费欺诈。鉴于小艺表示希望留下小狗，经主持调解，法院确认犬只归小艺所有，由商家退还小艺货款并给予一定补偿。法官还对商家进行了批评教育。

我们一起来思考

1. 网购后发现货不对板，可以主张哪些权益？

2. 网络交易时，该如何选择可靠的商家？

3. 网购发生纠纷时，该如何收集证据？

法官说法

随着网络交易平台的蓬勃发展和物流运输行业的高效便捷，越来越多的消费者选择在网络平台购物。小艺就是刷到了商家的宣传视频，被活泼可爱的小狗吸引才决定购买。网购宠物虽然便捷，但由于无法实地验货，屡屡发生实物与视频、图片等不相符的争议。本案中，小艺通过网络购买宠物狗，然而商家视频中展示的小狗和发给小艺的小狗并非同一只，继而引发纠纷。最终，商家也因为货不对板的违约行为承担了相应的法律责任。

那么，作为消费者，网购时需要注意哪些事项呢？一起来看：

消费者在网购前，应核实商家身份信息，查看是否有正规的营业执照等资质证明，选择正规合法、证照齐全、信誉良好的商家交易，并通过中立可靠的交易平台进行沟通和付款。

选定货品时，消费者应全面了解货物情况，可要求商家提供详细的货物信息，与卖家充分交流，明确拟购买的物品型号、品牌、性能、颜色、质地等，通过照片、视频等多维度观察，就购买物品的相应标准进行确认。

到货后，立刻进行验收，发现与约定标的物不符时，当即拍摄视频、照片，全面收集证据并第一时间联系卖家。

法官提醒：网络购物日益普及，未成年人在享受网购方便、快捷的同时，也要慎重选择交易对象，并在发生争议后及时收集证据，依法理性维权。面对消费欺诈行为，未成年人要勇于说"不"，通过合法途径维护自身权益，从而促进网购市场规范、有序运行。

 **法治小黑板**

何为消费欺诈？

消费欺诈是指经营者在出售商品或者提供服务时，采取虚假或者其他不正当手段欺骗、误导消费者，诱导消费者作出错误的购买判断，致使消费者的合法权益受到损害的行为。本案中，店家称出售的犬种系西高地立耳，但实际交付的显然并非该品种的犬只，并存在明显区别，构成典型的以次充好型消费欺诈。

司法实践中，存在多种欺诈形式：一是虚假宣传型欺诈，典型表现为虚构、夸大商品功能或效果。如某平台商家宣称商品材质为纯棉，实为化纤。二是隐瞒缺陷型欺诈，典型表现为经营者未全面、真实披露

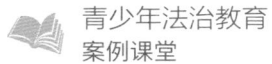
商品信息，故意隐瞒商品缺陷，以次充好。三是伪造资质型欺诈，典型表现为经营者伪造资质文件误导消费者。如消费者从某网店购买知名白酒后，发现该店铺白酒销售资质是伪造的，且所购名酒为假冒商品。四是价格虚构型欺诈，主要表现为虚构原价、降价原因和优惠折价，谎称降价或者将要提价，以此诱骗他人购买。

消费者遭受消费欺诈时，有权要求实施欺诈行为的经营者退货退款并增加赔偿，该增加的赔偿金额为消费者购买商品实际支付价格或者接受服务实际支付费用的三倍，若计算出的增加赔偿金额不足五百元，则至少应赔偿五百元，也就是通常所说的"退一赔三"。当消费者因食用或服用不符合食品安全标准的食品或假药、劣药而受到损害，除有权要求赔偿损失外，还可以要求生产者或经营者支付以实际支付价款为基数计算十倍或者以实际损失为基数计算三倍的惩罚性赔偿金，增加赔偿的金额不足一千元的，按一千元计算。

锦囊妙方

保护青少年的消费安全，我们能做些什么？

青少年：增强消费者权益意识。未成年人在网购时要慎重甄别交易对象的身份、信誉，选择商誉良好的正规平台，不要轻信社交网络或陌生链接的购物信息，警惕低价陷阱；购物前核实商品详情、退换货政策，不随意透露自身银行卡号、支付平台账户信息和密码等；遇到可疑交易时，立即终止操作，主动告诉家长，必要时报警；遭遇消费欺诈后，及时保留证据，向老师、家长寻求法律帮助。

家长：做好教育引导和监督。家长应妥善管理银行卡、支付密码等，避免孩子独立操作大额支付，若为孩子单独开设账户，则应设置消费限额，定期关注其消费动向；适时向孩子进行消费欺诈和网购风险案例的讲解，提升孩子的风险防范意识，给予孩子充分的信任，鼓励、引导其遭遇可疑情况时主动交流，避免因害怕责备而隐瞒；借助亲子共同网购等实践，教授商品比价、商家识别和平台选择的技巧。

商家：守住合法经营底线。商家应当增强责任意识，筑牢合法经营理念，严格遵守《消费者权益保护法》《反不正当竞争法》《电子商务法》的规定，拒绝以次充好、价格欺诈、虚假宣传等不法经营行为，努力构建和谐安全的消费环境。同时，商家还须详细了解消费者的需求，认真对待售后服务，通过加强与消费者沟通，尽量避免纠纷的发生。

法条链接

《中华人民共和国消费者权益保护法》

第八条 消费者享有知悉其购买、使用的商品或者接受的服务的真实情况的权利。

消费者有权根据商品或者服务的不同情况，要求经营者提供商品的价格、产地、生产者、用途、性能、规格、等级、主要成份、生产日期、有效期限、检验合格证明、使用方法说明书、售后服务，或者服务的内容、规格、费用等有关情况。

第五十五条 经营者提供商品或者服务有欺诈行为的，应当按照消费者的要求增加赔偿其受到的损失，增加赔偿的金额为消费者购买商品的价款或者接受服务的费用的三倍；增加赔偿的金额不足五百元的，为五百元。法律另有规定的，依照其规定。

……

《中华人民共和国电子商务法》

第十七条 电子商务经营者应当全面、真实、准确、及时地披露商品或者服务信息，保障消费者的知情权和选择权。电子商务经营者不得以虚构交易、编造用户评价等方式进行虚假或者引人误解的商业宣传，欺骗、误导消费者。

（本案例素材由上海市松江区人民法院提供）

后　记

　　本书由上海法院从事少年法庭工作、审判经验丰富、理论功底扎实的少年审判法官所撰写。撰写工作从2024年12月启动，经反复修改、六易其稿，于2025年6月完稿。

　　在向全市三级法院征集到的80余个案例和查阅人民法院案例库案例基础上，编写组先后组织召开5次研讨会、6次专题会议，进行多轮案例筛选、体例设计和集中修改。在编写过程中，围绕案例目录及编写体例，广泛征求主管部门、相关媒体、中学师生等的意见建议，力求提升可读性。

　　顾薛磊、朱立莎、陈卓雅、汪远、蒋梦娴、丁戈文、牛晨光、凌捷、季磊、徐慧莉、官晔、吴双、徐莉、白云、程一婧、陈晓伦、夏艳、刘宇哲、蔡逸伟参与了统稿、听取意见、修改、校对等工作。本书的插画工作由汪宁、顾添琦、徐一云、李子怡完成。

　　本书的编辑得到了有关专家学者和社会各界的大力

支持。上海社会科学院党委副书记、法学研究所所长姚建龙，上海文化广播影视集团有限公司融媒体中心上视编播部首席主持人臧熹，上海广播电视台、SMG广播新闻中心副主任、阿基米德执行总编丁芳，上海市长宁区虹桥街道古北荣华第四居民区党总支书记盛弘、上海市浦东新区第二中心小学校长助理忻继青等人大代表、政协委员，上海市教育委员会、上海市青少年服务和权益保护办公室、上海教育报刊总社学生媒体发展中心相关负责同志，以及上海师范大学、上海师范大学附属中学、华东政法大学附属中学师生为本书编写提出了许多宝贵的修改意见和建议。为此，我们向所有关心、支持、参与本书编写工作的同志致以诚挚谢意！

编　者

二〇二五年六月